Heike Wolter

Reisen in der DDR

Titelbild: Wismar an der Ostsee.
Ullsteinbild 01184587

Eine ausführlichere Darstellung mit Quellenhinweisen finden Sie in der von Heike Wolter veröffentlichten Dissertation: 'Ich harre aus im Land und geh, ihm fremd ...'. Die Geschichte des Tourismus in der DDR. Frankfurt (M), 2009.

Statistische Angaben in diesem Band sind aus verschiedenen Jahrgängen des Statistischen Jahrbuchs der DDR entnommen.

Heike Wolter, geboren 1976, studierte Geschichte, Germanistik und Sozialkunde an der Technischen Universität Dresden und der Universität Regensburg. Sie promovierte zur Tourismusgeschichte der DDR und arbeitet nun als Historikerin, Autorin, Lektorin und Gymnasiallehrerin. Sie befasst sich besonders mit der Geschichte der DDR, der Geschichte geografischer und politischer Räume und jüdisch-deutscher Beziehungsgeschichte. Sie ist Mitglied des Vorstandes der International Association for the History of Traffic, Transport and Mobility (T2M).
www.heikewolter.de

Landeszentrale für politische Bildung Thüringen
Regierungsstraße 73, 99084 Erfurt
www.lzt.thueringen.de
2011

ISBN: 978-3-937967-84-4

Inhalt

Vorwort	5
Historische Entwicklung	7
Die DDR als Reiseziel	19
Internationale Reiseziele für DDR-Bürger	35
Reiseveranstalter	53
Reisen „auf eigene Faust“	77
Reiseverkehrsmittel	81
Persönliche Urlaubserinnerungen	87
„Reisefreiheit statt Massenflucht“	91
Fazit	97
Literatur	99

Ullsteinbild 00142577

Haus des Reisens am Berliner Alexanderplatz, 1987

Vorwort

1970 hieß es in einer Veröffentlichung des Freien Deutschen Gewerkschaftsbundes der DDR: „Die stürmische Entwicklung der Deutschen Demokratischen Republik [...] hat auch den Lebensstandard aller Bürger spürbar angehoben. In unserer sozialistischen Gesellschaft haben sich die Lebensfreude und die Lebenserwartung sprunghaft entwickelt. Das wirkt sich auch auf dem Gebiet des Erholungswesens aus. Überall in unserer Republik vollzogen sich in touristischer Hinsicht erfreuliche Veränderungen. Sie spiegeln wider, dass eine Erholungsreise sowie schöne Wochenendausflüge heute zum Lebensstandard aller Bürger der DDR gehören und dass die Ansprüche an die geistig-kulturelle, an die sportliche und an die gastronomische Betreuung gewachsen sind. [...] Die Beschlüsse der Sozialistischen Einheitspartei Deutschlands und die Maßnahmen der Regierung zielen darauf ab, im Einklang mit dem allgemeinen wirtschaftlichen und gesellschaftlichen Fortschritt auch die Erholungsbedingungen zum Wohle aller Menschen planmäßig zu entwickeln. [...] Motor und Schrittmacher für organisierte Erholungsreisen ist der seit 1947 bestehende Feriendienst des FDGB, der mit einer Erfolgsbilanz ohne Beispiel aufwarten kann." (1970)

Dieses Bild zeichnete die staatliche Propaganda von der Urlaubsgestaltung ihrer Bürger. Das war allerdings eine idealisierende Beschreibung, die nur bedingt der Realität entsprach. Diese war durch politische Beschränkungen geprägt, die einen Tourismus freiheitlich-demokratischer Prägung unmöglich machten. Reisen in der DDR fand unter politischen und gesellschaftlichen Bedingungen statt, die heute kaum noch nachvollziehbar sind. Urlaubsreisen waren eine politische Angelegenheit und direkt mit dem Staat verbunden. Selbst die Reiseform und das Reiseziel konnten als Zustimmung oder Ablehnung des DDR-Staates interpretiert werden. Tramper galten als staatsgefährdend, während Gruppenreisen in die Sowjetunion als Auszeichnung für besonders verdiente Genossen vergeben wurden. Die Einstellungen der Reisenden reichten dabei von Zustimmung zum SED-Staat, Arrangement mit den Verhältnissen bis hin zu Unzufriedenheit und Protest.

Ab den 1950er-Jahren wurden Urlaubsreisen in der DDR durch das „staatliche Erholungswesen" verwaltet. Schon die Begriffswahl offenbart den Unterschied zum heutigen Tourismus. Gewollt war weniger die individuelle Selbstverwirklichung in der Reise, sondern die staatlich gelenkte Maßnahme der Erholung. Nicht Offenheit bei der Wahrnehmung eines persönlichen Freiheitsrechts stand im Mittelpunkt des öffentlichen Interesses, sondern die Wiederherstellung der Arbeitskraft des Einzelnen.

An diesem Ziel orientierte sich auch die Art der staatlichen touristischen Angebote. Diese galten weder dem individuellen Interesse, noch der Kaufkraftabschöpfung und nur begrenzt der Erfahrung fremder Kulturen. Sie waren auf einem qualitativ bescheidenen Niveau als sozialtouristisches Angebot angelegt, das sich jeder leisten konnte.

Historische Entwicklung

Die DDR entstand als ein neuer Staat durch die Teilung Deutschlands nach dem Zweiten Weltkrieg auf dem Gebiet der Sowjetischen Besatzungszone. Die politische Orientierung wurde zunächst gänzlich von Moskau vorgegeben, bevor am 7. Oktober 1949 die Deutsche Demokratische Republik als eigenständiger Staat gegründet wurde. Dieser blieb dem sowjetischen Vorbild eng verbunden und schlug einen sozialistischen Weg ein. Dazu gehörte die Idee einer umfassenden staatlichen Fürsorge für den Einzelnen. Hierzu zählte auch die Installation eines staatlich geleiteten Erholungswesens.

Dieses stand aufgrund der umfangreichen Zerstörungen nach dem Krieg, der Sorge der Menschen um die eigene Existenz(sicherheit) und dem Bemühen des Staates um den Aufbau einer Grundstoffindustrie nicht sofort im Mittelpunkt des Interesses. Aber schon 1946 regelte ein Befehl der Sowjetischen Militäradministration den bezahlten Urlaubsanspruch für alle Arbeiter, bevor dieses Recht 1949 auch in der ersten Verfassung der DDR verankert wurde.

Der zunächst wichtigste Anbieter von Reisen und so genannter Haupterholungsträger war der Feriendienst des Freien Deutschen Gewerkschaftsbundes (FDGB). Er wurde bereits im März 1947 gegründet und bot verbilligte Reisen für Gewerkschaftsmitglieder und deren Angehörige, die anfänglich nur von einigen Tausend genutzt wurden. Im späteren Verlauf der DDR-Geschichte stieg diese Zahl jedoch auf mehrere Millionen Urlaube(r) pro Jahr.

Im Zentrum der Arbeit des Feriendienstes stand zunächst die Erschließung von Unterkunftskapazitäten. Dies wurde nicht immer auf legalem Wege, sondern zum Teil auch durch unrechtmäßige Vermögenseinziehungen bei speziellen Aktionen erreicht. Die bedeutendste war die „Aktion Rose“, bei der 1953 Hotel- und

DHM P90/7861

Plakat des FDGB, 1954

Bundesarchiv, Bild 183-14823-0001, Heinz Junge

FDGB-Ferienheim „Solidarität“ in Heringsdorf, 1952

Pensionsbesitzer an der Ostsee wegen angeblicher Wirtschaftskriminalität in Schnellverfahren enteignet wurden. Tatsächlich ging es um die Überführung von Privateigentum in die Hand des FDGB-Feriendienstes, die auf freiwilliger Basis nicht Erfolg versprechend gewesen war.

Rasch kamen weitere staatliche Institutionen hinzu, die erholungspolitische Aufgaben übernahmen. Die im März 1946 als Massenorganisation der Jugendlichen zwischen 14 und 25 Jahren gegründete Freie Deutsche Jugend (FDJ) arbeitete nach Weisungen der SED und war auch für den Jugendtourismus verantwortlich. Ab 1973 übernahm die FDJ die Schirmherrschaft über Jugendtourist, das Jugendreisebüro der DDR. Im Dezember 1948 war die Pionierorganisation „Ernst Thälmann“ für Kinder zwischen sechs und 14 Jahren gegründet worden, die schon bald wichtige Funktionen im Rahmen der Kindererholung in Ferienlagern und ähnlichen Einrichtungen übernahm. 1957 kam der VEB Deutsches Reisebüro, später als Reisebüro der DDR bezeichnet, als einziger nicht-sozialtouristischer Anbieter hinzu. Dieser bot als erste Institution Urlaubsfahrten ins Ausland an. Allerdings war das Angebot lediglich auf zehn sozialistische Staaten, die die DDR bis Mitte der 1950er Jahre völkerrechtlich anerkannt hatten, beschränkt. Ab den 1960er-Jahren erweiterte sich der Radius, was unter anderem durch massive Reiseerleichterungen in sozialistische Staaten begünstigt wurde. Für viele Länder fielen schrittweise Visum- und/oder Passpflicht weg. Gegenüber westlichen Staaten wurde die Abschottung mit dem Bau der Mauer im August 1961 hingegen massiv verstärkt.

Die Regierungszeit Walter Ulbrichts, 1960 bis 1971, war im Inneren zudem von dem Verständnis geprägt, man müsse in der Gegenwart hohe Leistungen erbringen, um nach der wirtschaftlichen Stabilisierung des Landes späteren Wohlstand genießen zu können. Für dieses kollektive Ziel sollten die Menschen derzeitige qualitative Bescheidenheit – auch in Urlaubsangeboten – akzeptieren. Sozialpolitisch wurde der positive Schritt in diese Richtung durch verkürzte Arbeitszeiten und gestiegene Löhne und Renten gewiesen.

Im Erholungswesen gewannen die Betriebe als touristischer Anbieter für die Belegschaften und Partner des Feriendienstes des FDGB an Bedeutung. Dies war umso bedeutsamer, als die Bürger der DDR auch mit Blick auf die internationale Entwicklung Interesse am Reisen zeigten. Nicht nur innerhalb der DDR, auch Urlaube in andere Staaten wurden nachgefragt. Für das Inland reagierte der nach wie vor größte Erholungsträger – der FDGB – mit der Einrichtung eigener administrativer Stellen zur Organisation des Erholungswesens auf Bezirks- und Kreisebene.

Als 1971 die Regierungszeit Erich Honeckers begann, waren viele Menschen bereits unzufrieden mit den geringen persönlichen Freiheiten und mangelnden Verbesserungen im alltäglichen Leben, die man ihnen eigentlich versprochen hatte. Honecker berief sich daher nicht länger auf Ulbrichts Ideal einer blühenden Zukunft, sondern versprach sofortigen Genuss des

Wohlstands in einer „Einheit von Wirtschafts- und Sozialpolitik". Lebensweltlich näherte sich die DDR damit stärker dem westlichen Modell an, ohne dabei selbstverständlich von Konvergenz zu sprechen. Ideologisch hingegen suchte Erich Honecker eine engere Bindung zur Sowjetunion. Ökonomisch geriet die DDR zunehmend in Schwierigkeiten. Ursache war neben der stagnierenden Produktivität auch die zunehmende Verschuldung durch einen starken Importüberschuss. Die hohen Sozialleistungen erforderten immer höhere Subventionen, die wiederum über ausländische Kredite finanziert wurden. Zunächst zeigte diese wirtschaftliche Misere kaum spürbare Auswirkungen, weil zahlreiche Kapitalgeber zur Verfügung standen. Dennoch war das Problem im inneren Führungszirkel bekannt.

Einen Ausweg sah man indes nicht – die Regierung befand sich in einer Legitimationsfalle. Die Konsum- und Wohlstandsorientierung versprach die beste Stütze eines Systems zu sein, deren Bürger mehrheitlich weder an den „sozialistischen Menschen" noch die Verlockungen eines „Sozialismus in den Farben der DDR" (Erich Honecker auf dem 7. Plenum des ZK der SED) oder gar des Kommunismus glaubten.

Im Erholungswesen erweiterten sich in den 1970er-Jahren die Möglichkeiten der Reisenden. Mit der Einführung des pass- und visafreien Reiseverkehrs mit der ČSSR und der Volksrepublik Polen im Jahr 1972 konnten, zumindest für einige Jahre, DDR-

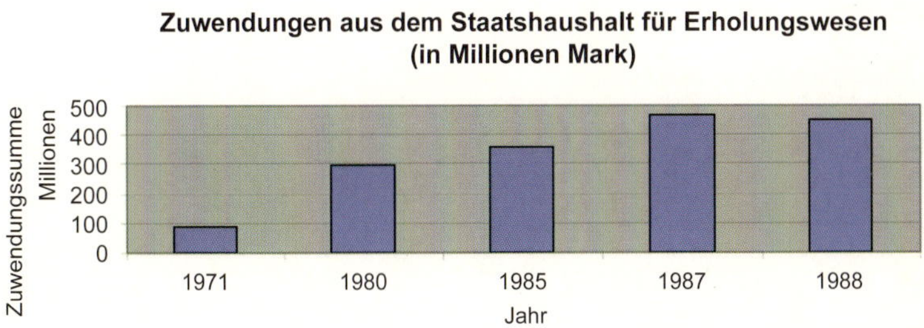

Heike Wolter

Zuwendungen aus dem Staatshaushalt

Bürger ohne größeren bürokratischen Aufwand in diese Staaten reisen. Auch Fahrten in westliche Staaten wurden nun leichter möglich. Vor allem der 1973 ratifizierte Grundlagenvertrag mit der Bundesrepublik regelte die Verwandtenbesuche, jedoch nur in „dringenden Familienangelegenheiten", die der Staat prüfte und willkürlich für angemessen oder nicht befand. Lediglich Rentner konnten, wie bereits seit 1964, maximal vier Wochen jährlich auf Antrag zum Zwecke von Verwandtenbesuchen in die Bundesrepublik kommen.

Die Veränderung der zwischenstaatlichen Lage ab den 1970er-Jahren war für die DDR von großer Bedeutung. Dabei wurde kaum ein anderer Bereich so stark von der internationalen Politik bestimmt wie das Reisen. Die DDR war für sich zu klein, um ausreichend attraktive Ziele im Inland bieten zu können. Zudem hatten die Menschen ein großes Interesse, andere Länder und Kulturen kennen zu lernen. Von der verbesserten Einbindung in die

Ullsteinbild 00220100

49. FDGB-Kongress 1977, FDGB-Vorsitzender Harry Tisch und Erich Honecker

Staatengemeinschaft erhoffte sich die DDR daher auch Zugang zu neuen Reisezielen. 1973 wurde das Land in die UNO aufgenommen. 1975 unterzeichnete die DDR die Helsinki-Schlussakte der Konferenz über Sicherheit und Zusammenarbeit in Europa. 1977 trat sie der World Tourism Organisation bei.

Als konkrete Aufgaben für die Zukunft sahen die verantwortlichen Stellen im FDGB 1971 die quantitative Weiterentwicklung des Erholungswesens. Schließlich deckte das Angebot an Ferienreisen die Nachfrage bei weitem nicht. Zudem sollten besonders das qualitative Niveau der Ferien- und Naherholung erhöht, die staatlichen Investitionen gesteigert, Familienerholung unterstützt und infrastrukturelle Verbesserungen in den Bezirken vorgenommen werden. Alle nachfolgenden Parteitage der SED und Kongresse des FDGB waren in ihrer tourismuspolitischen Zielstellung mit nur geringen Abweichungen an diese grundsätzlichen Überlegungen angelehnt. Lediglich der Fokus auf die Familien-, Kinder- und Jugenderholung intensivierte sich. Dies setzte erhebliche Investitionen in den Bau und die Rekonstruktion von Erholungsheimen voraus, die nicht immer zur Verfügung standen.

Bundesarchiv, Bild 183-13359-0015, Pietsch

FDGB-Erholungsheim, FDGB-Ferienheim „Bernhard Göring“ in Bad Heiligendamm, 1952

Heike Wolter

FDGB-Erholungsheim, 1985

Anfang 1980er-Jahre wurden dank enormer sozialpolitischer Anstrengungen die Erwartungen der Konsumenten nach und nach erfüllt. Allerdings wurde das Dilemma der hohen Subventionsquoten zunehmend offensichtlich. Während die Propaganda stets Wirtschaftserfolge vermeldete, gerieten selbst trivialste Versorgungsfragen zum Problem. Dies spürten auch die Urlauber, beispielsweise anhand von Engpässen im Einzelhandel und in der Gastronomie. Einmal fehlte die Brause, ein anderes Mal waren an der Ostseeküste keine Hähnchen aufzutreiben.

Hinzu kam, dass die Erwartungshaltung zu Reiseerleichterungen auch in nicht-sozialistische Staaten stieg. Mit der deutsch-deutschen Entspannungspolitik sank der „Ausreisedruck" der DDR-Bevölkerung langfristig nicht, sondern verband sich sogar mit touristischer Reisefreiheit. Dieser für den Staat potenziell gefährlichen Entwicklung versuchte die Regierung mit teilweise unvermittelten Interventionen in die Touristenströme beizukommen. So wurde beispielsweise 1980 der pass- und visafreie Reiseverkehr mit Polen wegen der Solidarność-Bewegung und aufgrund wirtschaftlicher Schwierigkeiten durch den Einkaufstourismus polnischer Bürger aufgehoben. In größerem Maße waren erst ab 1987 wieder individuelle und organisierte Reisen nach Polen möglich. Andererseits gab es beispielsweise für wenige, sorgfältig ausgesuchte Personen im Rahmen von – politisch motivierten – Gruppenreisen die Möglichkeit, beispielsweise Finnland oder Österreich kennen zu lernen.

Zusätzlich spitzte sich auch die Devisensituation zu. Der Kapitalabfluss durch die Reiselust der Bürger veranlasste den Staat, die Umtauschmöglichkeiten für Devisen einzuschränken. Da die mit anderen Staaten vereinbarten und auf ein festgelegtes Verhältnis von Ein- und Ausreisen ausgerichteten Reisekontingente nicht mit den rapide steigenden Auslandsreisezahlen mithielten, verknappten sich die Devisen pro Person und Reise immer mehr. Lediglich der devisenlose Urlauberaustausch mit einigen sozialistischen Staaten bot einen Ausweg. Diese Möglichkeit war allerdings begrenzt, da die Anzahl der DDR-Bürger, die ins sozialistische Ausland wollten, deutlich höher war, als die jener Touristen aus sozialistischen Ländern, die in die DDR reisten.

Das Jahr 1989 brachte innen- und außenpolitische Bewegung. In einigen sozialistischen Staaten zeigten sich Protest- und Reformbewegungen, die nicht immer nur von bürgernahen Gruppen, sondern auch von Seiten des Staates mitgetragen wurden. Im Mai 1989 begann Ungarn seine Grenzanlagen zu Österreich abzubauen, der ungarische Außenminister Gyula Horn traf sich im Juni mit seinem österreichischen Amtskollegen zu einem symbolischen Akt an der Grenze bei Sopron.

Noch im Juli 1989 sicherte Ungarn der DDR zu, DDR-Bürger nicht nach Österreich ausreisen zu lassen. Nachdem aber immer mehr Menschen über die Grenze flohen oder sich in die bundesdeutsche Botschaft flüchteten, ließ die ungarische Regierung Ende August DDR-Bürger ausreisen. Der Eiserne Vorhang bröckelte und mit ihm die touristischen Beschränkungen, die DDR-Bürger 40 Jahre lang erfahren mussten.

Ullsteinbild 00691622

Flucht von DDR-Bürgern über die ungarisch-österreichische Grenze bei Sopron, August 1989

Ullsteinbild 00151102

Montagsdemonstration in Leipzig am 23.Oktober 1989

Ähnliches geschah in der ČSSR. Nachdem am 30. September Bundesaußenminister Hans-Dietrich Genscher in der Prager Botschaft tausenden Flüchtlingen die Ausreisegenehmigung verkündet hatte, wurde von Seiten der DDR-Regierung am 3. Oktober der pass- und visafreie Reiseverkehr ausgesetzt. Doch auch diese Maßnahme änderte nichts am Bewusstsein der Bürger, den Staat zu Veränderungen zwingen zu können.

Viele Menschen, die in der DDR geblieben waren, zeigten ihren Willen auf den Montagsdemonstrationen, die bald in allen großen Städten stattfanden. Häufig las man dort Sätze, wie „Reisefreiheit statt Massenflucht". Interessanterweise wurde schon bald erkannt, dass beides eigentümlich verflochten war und durch die restriktive Politik der DDR-Führung begünstigt wurde. Die Menschen, die in der DDR bleiben wollten, wünschten sich unter anderem touristische Freiheit, ohne dabei in den Verdacht zu geraten, die DDR grundsätzlich verlassen zu wollen.

Die Reaktionen des Staates sowie das Anfang November beschlossene neue Reisegesetz, vermochten aber, die innere Dynamik des Zerfallsprozesses nicht aufzuhalten. Am 9. November um 18.53 Uhr verkündete Günter Schabowski, führendes Mitglied des Politbüros, dass „Privatreisen nach dem Ausland [...] ohne Vorliegen von Voraussetzungen (Reiseanlässe und Verwandtschaftsverhältnisse) beantragt werden [können]." Innerhalb weniger Stunden führte diese Aussage zum Fall der Mauer und leitete das Ende des Staates DDR ein.

Heike Wolter

Strandabschnitt bei Bansin in den Sommerferien, 1984

Die DDR als Reiseziel

Die DDR war ihren naturräumlichen Bedingungen nach kein ausgesprochenes touristisches Ziel. Dies wurde sie vielmehr durch die Schwerpunktsetzung des Sozialtourismus auf nationale Ziele. Das Land bestand aus 15 Bezirken, die unterschiedliche Anteile an so genannten Erholungslandschaften aufwiesen. Diese machten insgesamt etwa ein Fünftel der Fläche der DDR aus. Grundlegend wurden drei Landschaftstypen mit hohem Erholungswert unterschieden: Küstengebiete, Wald-Seen-Flächen sowie Mittelgebirgsregionen. Zu ersteren gehörten die Vorpommersche Küste, der Darß, Zingst, Rügen und Usedom. Das Erzgebirge, der Thüringer Wald, das Elbsandsteingebirge und der Harz zählten zu den Mittelgebirgen des Landes. Die Mecklenburgisch-Nordbrandenburgische Seenplatte war das größte zusammenhängende Wald-Seen-Gebiet der DDR. Sonstige, kleinere Erholungslandschaften befanden sich am Kyffhäuser, im Zittauer Gebirge, in der Märkischen Schweiz, im Oderbruch, in der Uckermark, in der Schorfheide, in der Dübener Heide sowie im Bereich von Saale und Unstrut.

An der Küste befanden sich etwa 37 Prozent aller Unterkunftskapazitäten des Beherbergungswesens, in den Mittelgebirgen knapp 28 Prozent, in den Wald-Seen-Landschaften 29 Prozent und knapp 6 Prozent in anderen Landschaftstypen sowie touristisch bedeutsamen Städten. Diese Aufteilung spiegelt aber nicht exakt die Reisewünsche der DDR-Bürger wider, die oftmals dorthin reisen mussten, wo ein Angebot bestand. Nicht der Tourist wählte aus einem umfangreichen Sortiment, sondern die begrenzten Plätze bestimmten den Entscheidungsprozess. Die Ostsee war stets das begehrteste Reiseziel, die dortigen Angebote konnten zu keinem Zeitpunkt der Existenz der DDR die große Nachfrage decken.

Von den Erholungslandschaften waren Erholungsgebiete abzugrenzen, die einen staatlichen Schutzstatus genossen und oftmals mit naturschutzrechtlich bestimmten Landschaftsschutzgebieten übereinstimmten. Sie waren per Gesetz mit speziellen Nutzungsbeschränkungen belegt.

Zudem gab es einzelne, staatlich anerkannte Erholungs- und Kurorte. Sie wurden aufgrund besonders günstiger landschaftlicher, bioklimatischer und infrastruktureller Qualitäten ausgewählt und besaßen ein hohes Erholungspotential.

Die Ostsee war die größte zusammenhängende Erholungslandschaft der DDR. Sie erstreckte sich ausschließlich über den so genannten Ostseebezirk Rostock, in dem der Tourismus auch wirtschaftlich eine wichtige Rolle spielte. Die Küste der DDR war 1470 Kilometer lang, doch nur ein Teil konnte von Reisenden genutzt werden. Von den 340 Kilometern äußerer Meeresgrenze waren lediglich 250 Kilometer öffentlich zugänglich. Der Rest war durch natürliche Gegebenheiten oder durch Sperrungen militärischer und anderer staatlicher Art nicht benutzbar. Da es sich um ein Grenzgebiet handelte, war die Überwachung der Urlauber engmaschig. Die „Sicherheitsorgane" waren von tiefem Misstrauen gegen die eigene Bevölkerung durchdrungen. So galt beispielsweise an der Ostsee, dass viele Bootstypen nur nach ausdrücklicher Genehmigung benutzt werden durften. Außerdem waren nächtliche Aufenthalte am Strand insbesondere an den westlichen Küstenabschnitten rasch verdächtig.

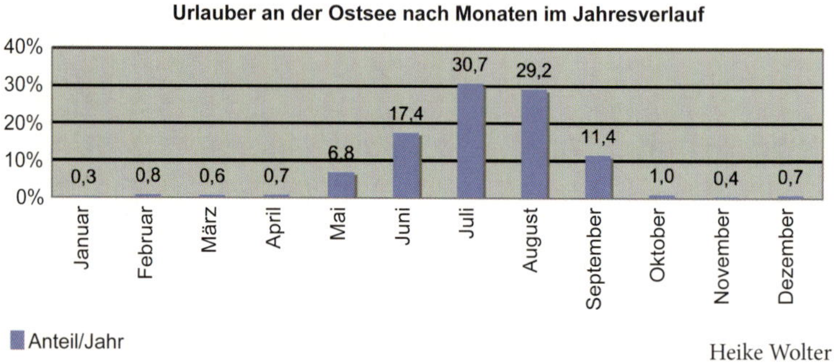

Heike Wolter

Ostseeurlauber

Der Strand der Ostsee war aber aufgrund der Reisebeschränkungen für DDR-Bürger abgesehen von den stark kontingentierten Bademöglichkeiten am Schwarzen Meer der einzige Zugang zur offenen See. Der Urlaub dort, falls man einen Platz „ergatterte", war zudem eine preiswerte Möglichkeit, das Strandleben zu genießen.

Wie auch in den anderen Erholungsgebieten der DDR, schritt die Entwicklung der Urlauberzahlen an der Ostsee viel schneller voran als der Ausbau der touristischen Infrastruktur.

Dies führte vor Ort zu Versorgungsproblemen, aber auch zu einer Verlagerung von Touristenströmen ins Binnenland. Insbesondere mit der zunehmenden Individualmotorisierung in den 1970er-Jahren, kamen Urlauber täglich auch von weiter her. Schwierig war zudem die jahreszeitliche Konzentration von Gästen. In den Sommermonaten war an der Ostsee, einem klassischen Einsaisongebiet, kein freies Bett zu finden.

Außerhalb der Saison hingegen konnte der FDGB seine Plätze oft nicht auslasten. Einen finanziellen Anreiz, die Ostsee im Oktober oder März zu besuchen, gab es bei den ohnehin geringen

Ullsteinbild 01204505

Ahlbeck – Menschen genießen die Sonne am Strand, 1986

Bundesarchiv, Bild 183-19904-0009, Krueger

Göhren, 1953

Bundesarchiv, Bild 183-15310-002, Rösener

Ahlbeck, 1952

Reisepreisen nicht. Auch die DDR-einheitliche Ferienregelung verstärkte das Problem und trug dazu bei, dass in acht Wochen vom Juli bis August fast 60 Prozent des „Jahresurlauberaufkommens“ anreisten.

Mit dem Aufenthalt am Meer verband sich für viele DDR-Bürger die Möglichkeit sich im privaten (Urlaubs-)Raum Freiheiten zu verschaffen. Besonders beim Nacktbaden, dem so genannten FKK, gelang dies. Die schon seit Anfang des 20. Jahrhunderts existente Bewegung erfreute sich, abseits ideologischer Hintergründe, großer Beliebtheit in der DDR. Nachdem die Regierung die FKK-Strandbereiche zunächst kritisch beäugt und nur unwillig geduldet hatte, wurden sie 1956 in der Badeordnung der DDR legalisiert.

Damit war das Nacktbaden an bestimmten Strandabschnitten gestattet. Der bedeutendste FKK-Strand der DDR befand sich bei Prerow auf dem Darß, wo Urlauber nicht nur nackt baden, sondern ebenso zelten konnten. Die meisten dieser Campingstellplätze waren durch Betriebe, die sich am infrastrukturellen Ausbau von Zeltplatz

Bundesarchiv, Bild 183-E0622-0021-005, Heinz Junge

Boltenhagen, 1966

Bundesarchiv, Bild 183-20742-0007, Biscan

FKK-Badeverbot, 1953

Bundesarchiv, Bild 183-1984-0828-411A, Bernd Settnik

Paradies für Nacktbader

Ullsteinbild 00378444

Heike Wolter

„Von hier ab ohne“ – Kennzeichnung des FKK-Strandes

und Gemeinde beteiligt hatten, vorreserviert. Meist errichteten die Volkseigenen Betriebe feste Zelte, die von allen Firmenangehörigen genutzt werden konnten. Damit war es nicht notwendig, dass jeder Urlauber seine eigene Ausstattung mitbringen musste.

Im Binnenland der DDR waren vor allem die Wald-Seen-Landschaften sowie die Mittelgebirge von erholungspolitischem Interesse.

Das Gebiet der Mecklenburgischen Seenplatte, der Havelseen und des Dahme-Spree-Seengebiets wurden erst durch die hohe inländische Nachfrage touristisch erschlossen und anschließend intensiv genutzt. Dafür reichten jedoch die infrastrukturellen Gegebenheiten häufig nicht aus. Zuvor waren die Gebiete nämlich wirtschaftlich wenig bedeutsame Areale mit vorwiegend landwirtschaftlicher Nutzung gewesen. In ihnen konnte der Staat nicht auf bestehende touristische Ressourcen zurückgreifen. Trotzdem sollten Kapazitätserweiterungen in diesen Gebieten den Reisedruck auf die Ostsee mindern. Viele der neu errichteten Beherbergungsmöglichkeiten waren zunächst aber nur im Sommer nutzbar, da sie ohne ausreichende Wärmeversorgung betrieben wurden. Außerdem wurden die beliebten FKK-Strände zusätzlich an Binnenseen geschaffen, um Urlauber zu gewinnen.

Die benannten Probleme galten allerdings nicht für die wenigen, nach damaligem Standard herausragenden, Vorzeigeobjekte des Feriendienstes des FDGB. Der Ferienkomplex „Warenshof“ an der Müritz beispielsweise bot den Besuchern großen Komfort mit Ferienwohnungen für kinderreiche Familien und einer Vielzahl weiterer Verkaufs-, Dienstleistungs- und Kultureinrichtungen. Die Propaganda konnte aber nicht darüber hinwegtäuschen, dass eine solche Ausstattung eher Ausnahme statt Regel war.

Die Mittelgebirge bildeten zusammen die größten Erholungsflächen der DDR. Als Zweisaisongebiete mit der Tendenz zur ganzjährigen Nutzung fungierten vor allem der Thüringer Wald, der Harz, das Erzgebirge, die Sächsische Schweiz und das Zittauer Gebirge.

Heike Wolter

Gedränge am Ostseestrand

Heike Wolter

Urlauber vor ihrem Bungalow in Altreddewitz, 1987

Bundesarchiv, Bild 183-Z0117-006, Helmut Schaar

Winterurlaub der Landjugend im „Ringberghaus“ Suhl, 1981

Bundesarchiv, Bild 183-S0126-0023, Helmut Schaar

Oberhof, Bahnhofsvorplatz, Wintersportler 1977

Nach der Ostseeküste stellte der Thüringer Wald mit seinem Wintersportzentrum Oberhof das zweitwichtigste Erholungsgebiet der DDR dar. Jedoch waren nicht alle Mittelgebirgsregionen touristisch so gut erschlossen wie diese Region, wo eine Vielzahl kleinerer Beherbergungs- und Versorgungsmöglichkeiten von großen Neubauprojekten flankiert wurde.

Die Beliebtheit der Mittelgebirge zu wintersportlichen Zwecken ergab sich auch aus dem verwehrten Zugang zu alpinen Urlaubsregionen. Nur im Inland, beschränkt auch noch in den Gebirgsbereichen der Tschechoslowakei und Polens konnten DDR-Bürger diesen Interessen nachgehen.

Wie für die Ostseeküste ergaben sich auch in einigen Mittelgebirgen, vor allem im Harz aufgrund der Nähe zur innerdeutschen Grenze, besondere Bestimmungen. Im grenznahen Sperrgebiet bestanden eingeschränkte Aufenthaltsmöglichkeiten sowie besondere Meldungs- und Kennzeichnungsvorschriften. Außerdem war (Wander-) Kartenmaterial nicht oder nur in schlechter beziehungsweise verzerrter Qualität zu erwerben.

Landschaftlich außergewöhnlich und einzigartig war das etwa 400 Quadratkilometer große Areal der Sächsischen Schweiz, auch Elbsandsteingebirge genannt. Die bizarre Formenvielfalt der Felsen zog viele Urlauber an. Da diese Formationen aber besonders empfindlich gegenüber ungünstigen Umweltbedingungen sind, führte der Besucherzustrom schnell zu einem Widerspruch zwischen naturschützerischen und erholungspolitischen Interessen. Schon im Dezember 1978 wurde daher der „Landschaftspflegeplan für das Landschaftsschutzgebiet Sächsische Schweiz“ vom Rat des Bezirkes Dresden beschlossen. Einschneidende Maßnahmen im Umweltschutz wurden jedoch erst nach 1989 getroffen.

Mit der stetig steigenden Nachfrage nach Urlaubsplätzen gerieten zunehmend kleinere Urlaubsregionen ins öffentliche Interesse. Eine davon war der Spreewald, eine waldumstandene Fließlandschaft. Er wurde besonders in der Umgebung der Stadt Burg für den Urlaubstourismus mit gastronomischen Einrichtungen, Campingplätzen und nahverkehrlichen Infrastrukturen erschlos-

Ullsteinbild 00652091

Blick ins Elbtal aus der Sächsischen Schweiz

Ullsteinbild 00248407

Spreewaldkähne mit Urlaubern, 1975

sen. Hier bestanden besondere Anforderungen an die Vereinbarkeit von Naturschutz und Tourismus.

Touristen konnten sich zudem in einigen bedeutenden Städten der DDR erholen. Der östliche Teil Berlins nahm dabei als Hauptstadt eine besondere Stellung ein. Dort herrschte eine im Vergleich zum restlichen Gebiet der DDR gute Versorgungslage, die viele Bürger schon aus Konsumgründen anzog. Aber auch kulturhistorisch bot Berlin zahlreiche Sehenswürdigkeiten – alte, wie die klassizistischen Bauten der Straße „Unter den Linden", aber auch neue, wie den Palast der Republik, den Friedrichstadtpalast, das Marx-Engels-Forum, das restaurierte Nikolaiviertel und die neu gestaltete Friedrichstraße.

Andere städtische Ziele für Urlauber waren die thüringische Städtereihe (Eisenach, Gotha, Erfurt, Weimar), die ostsächsische Städtereihe (Freiberg, Meißen, Dresden, Bautzen, Görlitz), Potsdam sowie Leipzig.

Bundesarchiv, Bild 183-1985-0710-302, Heinz Junge

Wieder aufgebautes Nikolaiviertel im Herzen Berlins, 1985

Bundesarchiv, Bild 183-08634-0002, Wendorf

Haus der Freundschaft in Oberhof, 1961

Internationale Reiseziele für DDR-Bürger

In die Ferne zog es DDR- genauso wie Bundesbürger. Ihre Chancen, andere Länder zu bereisen, waren durch die Grenzpolitik jedoch stark eingeschränkt. Das Wesen der Diktatur zeigte sich unter anderem darin, die Reisefreiheit der Bürger aus Angst vor Flucht massiv zu beschneiden. Lediglich in ausgewählte sozialistische Staaten konnten DDR-Bürger legal reisen. In den 1980er-Jahren kamen einige Angebote in wenige kapitalistische Staaten hinzu. Allerdings waren die Kontingente stark beschränkt und die Vergabe unterlag einem strengen Reglement. Die grundsätzliche Möglichkeit bedeutete somit nicht, dass für den Einzelnen eine solche Fahrt erreichbar war.

Noch in den 1950er- und 1960er-Jahren waren erste Auslandstouristen Exoten, die sich mit spärlicher Ausstattung an die Grenzen des politisch-geografisch Erreichbaren wagten. Die ersten Bulgarien- und Rumänientouristen erkundeten auf eigene Faust den Balkan, der mit der Schwarzmeerregion vermutlich ein Ersatz für das versperrte Mittelmeer war. Ab den späten 1960er-Jahren ermöglichten die innen- und außenpolitischen Bedingungen, dass Auslandsreisen immer mehr zur Normalität wurden. Zu Beginn wurde diese Entwicklung durch große propagandistische Anstrengungen unterstützt. Im Jugendweihebuch von 1961 stand beispielsweise, die ganze Welt würde den Jugendlichen in naher Zukunft offen stehen. Dies war aufgrund des Grenzregimes natürlich nicht der Fall. Dennoch erschlossen sich immer neue Gebiete für Individualtouristen und organisierte Gruppen- und Einzelreisen. Auch im Auslandstourismus gab es subventionierte Angebote, die dieses Erlebnis für breite Bevölkerungskreise erschwinglich machten. Hemmnisse bestanden vor allem in der geringen Zahl zur Verfügung stehender Plätze. Nur etwa ein Drittel der nachgefragten Reisen in die Hauptreiseländer ČSSR, Polen, Ungarn, Bulgarien und UdSSR konnte vermittelt werden.

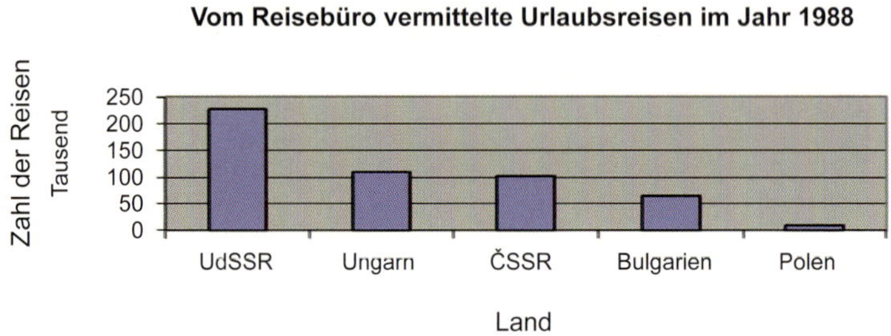

Hinzu kamen die starken Devisenbeschränkungen, die die DDR-Bürger zu einem finanziell eingeschränkten Reisestil zwangen. Die Nutzung schlichter Unterkünfte, Selbstverpflegung, Mitführen von Tankreserven und Waren zum Naturaltausch, deuteten darauf hin, dass ausländisches Geld knapp war. Nur wenige DDR-Bürger hatten die Gelegenheit, im Ausland auf Verwandte und Freunde aus nichtsozialistischen Staaten zu treffen, die für ihre Auslagen aufkamen.

Auslandsreisen führten im organisierten Tourismus in prozentual absteigender Reihenfolge in die UdSSR, in die Volksrepublik Bulgarien, in die ČSSR, in die Volksrepublik Ungarn sowie in die Sozialistische Republik Rumänien. Im individuellen Reiseverkehr reisten die meisten DDR-Bürger aufgrund der Pass- und Visafreiheit sowie der geografischen Nähe in die ČSSR, bis 1980 auch in die Volksrepublik Polen, gefolgt von der Volksrepublik Ungarn und der Volksrepublik Bulgarien. Demgegenüber war die UdSSR für Individualtouristen nicht zugänglich.

Im Laufe der Jahre sah sich die Regierung der DDR zudem mit einer Reihe von Schwierigkeiten konfrontiert, die sie nicht selbst zu verantworten hatte. Sie verstand es allerdings nicht, angemessen auf die Problemlagen zu reagieren. Insbesondere Staaten, die einen hohen Anteil von Touristen aus westlichen Ländern aufwiesen, hatten wenig Interesse, ihre touristischen Kapazitäten mit schlecht zahlenden oder auf Kontingentbasis devisenfrei reisenden DDR-Bürgern zu binden. Tourismuspolitische Maßnahmen beispielsweise in der Volksrepublik Ungarn und der Volksrepublik Bulgarien bestanden zumeist darin, die Preise für touristische Leistungen auf ein internationales Niveau anzuheben. Weiterhin wurden in diesen Staaten schrittweise mehrere Reiseanbieter zugelassen, so dass eine Marktkonkurrenz entstand. Für DDR-Bürger wurden oft mangelhafte Leistungen angeboten, wohingegen westliche Touristen eine Vorrangstellung genossen, weil sie in Devisen zahlten. All dies widersprach dem Ideal einer verbrüderten sozialistischen Staatengemeinschaft, folgte jedoch ökonomischen Notwendigkeiten.

DDR-Bürger fanden in den von ihnen bereisbaren Ländern zahlreiche touristische Attraktionen vor. Die Ungarische Volksrepublik präsentierte sich als ein Land mit besten natürlichen und geografischen Voraussetzungen. Gebirge, die Puszta-Ebene, der Balaton, die Heil- und Thermalwässer und insbesondere das weltstädtisch anmutende Budapest mit seiner Warenvielfalt und seinen Sehenswürdigkeiten hatten ein hohes touristisches Potential. Ungarn entwickelte sich in den 1970er-Jahren zunehmend zu einem Hauptreiseziel für DDR-Bürger. Die Ursachen hierfür waren vielfältig. Zum einen war kein Visum, sondern lediglich eine Reiseanlage zum Personalausweis nötig. Außerdem war Ungarn im individuellen Motortourismus gut erreichbar und galt – beispielsweise in seinem Warenangebot, aber auch in der gedanklichen Offenheit – als Tor zum Westen.

Dieser Trend verstärkte sich noch, als 1980 die Möglichkeit entfiel, die Volksrepublik Polen als Tourist zu erleben. Reisen wurden entweder individuell organisiert – Ungarn verfügte zum Beispiel über ein gut ausgebautes Netz an Campingplätzen – oder beim Reisebüro der DDR, bei Jugendtourist oder über das ungarische Reisebüro Ibusz gebucht.

Eine besondere Bedeutung gewann Ungarn 1989. Mit der Öffnung der ungarisch-österreichischen Grenze ergriffen einige tausend Urlauber aus der DDR die Chance, ihrem Heimatland den Rücken zu kehren.

Besonders in den 1970er-Jahren war die Volksrepublik Polen eines der beliebtesten Auslandsreiseziele für DDR-Bürger. Mit der Ostseeküste, der Masurischen Seenplatte, den für den Wintersport nutzbaren alpinen Gebirgen und kulturhistorischen Städten bot Polen vielfältige touristische Möglichkeiten. Allerdings galt das Land im Vergleich sozialistischer Staaten als touristisch wenig entwickelt. Insbesondere für Individualreisende erwies sich die Versorgungslage mitunter als schwierig. Ab 1972 bestand aber weder Pass- noch Visapflicht für das ausschließlich von sozialistischen Staaten umschlossene Land, so dass DDR-Bürger ungehindert einreisen konnten. Dies änderte sich schlagartig 1980. Die erstarkende polnische Protestbewegung Solidarność veranlasste die Regierung der DDR den Reiseverkehr nahezu vollständig zu unterbinden. Weder das Reisebüro der DDR, noch Jugendtourist oder das polnische Reisebüro Orbis vermittelten ab diesem Zeitpunkt noch Reisen. Lediglich auf persönliche Einladung waren Fahrten weiterhin möglich. Ab 1984 wurden dann wieder begrenzte Austauschmöglichkeiten für Gewerkschaften und Jugendorganisationen gewährt.

Tourismus in die Union der sozialistischen Sowjetrepubliken bedeutete den Zugang in ein riesiges, naturräumlich vielfältiges Land. Aufgrund der Vorbildrolle der UdSSR für die sozialistische Staatengemeinschaft gehörten Ausflüge in das Land zur politischen Erziehung. Neben touristischen Aspekten sollten die Vorzüge des Kommunismus in seinem Ursprungsland kennen gelernt werden.

Privat

Aus dem Fotoalbum: Urlaubsreise nach Budapest, 1986

Privat

Aus dem Fotoalbum: Urlaub in Budapest, 1985

Privat

Aus dem Fotoalbum: Urlaub in Budapest, das ein großes Warenangebot im Vergleich zu der DDR bot, 1985

Heike Wolter

Campingurlauber in Ungarn, 1989

Daher gehörte ein Aufenthalt in der SU ab der mittleren Leitungsebene in Wirtschaft und Politik zu den benötigten Referenzen. Aber auch viele Schüler und Studenten fuhren in Gruppen als Abschlussreise ihrer Ausbildung in die Sowjetunion. Das tatsächliche Interesse an solchen Reisen schwand im Laufe der Jahre, so dass in der zweiten Hälfte der 1980er-Jahre sogar ein Überhang von Angeboten zu verzeichnen war. Dies galt allerdings nicht für Mittelasien- und Schwarzmeerreisen, da für diese Regionen die bestehende Nachfrage zu keinem Zeitpunkt ausreichend bedient werden konnte.

Die UdSSR konnte individuell nur nach vorheriger Genehmigung der taggenauen Reiseroute besucht werden. Das war kompliziert und wurde lediglich von einer geringen Anzahl DDR-Bürgern genutzt. Einige wenige reisten auch mit einem Transitvisum für die Sozialistische Republik Rumänien in die Sowjetunion ein und erkundeten dann selbstständig den Kaukasus, das Schwarze Meer oder andere Gebiete abseits der touristischen Hauptrouten. Organisierte Reisen konzentrierten sich auf Moskau, Leningrad und Kiew wie auch auf die mittelasiatischen Städte Samarkand,

Buchara und Taschkent sowie Sotschi, Jalta und die Krim. Grund für diese örtliche Konzentration bestand in der schlechten Infrastruktur und der sowjetischen „Geheimniskrämerei". Denn es gab die politische Anweisung, nur ausgewählte Ziele einer breiten Öffentlichkeit zugänglich zu machen.

Die Tschechische und Slowakische Föderative Republik (ČSSR) war das von DDR-Bürgern am intensivsten frequentierte Reiseziel. Auch hier bestand ab 1972 keine Pass- und Visumspflicht. Die geografische Nähe zur DDR und die landschaftlichen Gegebenheiten stellten wichtige touristische Reize der ČSSR dar. Traditionelle Fremdenverkehrsgebiete waren die kulturhistorisch bedeutenden Städte Prag, Brno und Bratislava, die Natur und Kurorte des Böhmerwaldes sowie die Gebirgslandschaften. Da im Gegensatz zu anderen sozialistischen Ländern viele Bürger der ČSSR wegen des Meereszugangs Interesse an einer Reise in die DDR hatten, gelang hier der paritätische Urlauberaustausch der Betriebe und Gewerkschaften. Neben dieser Möglichkeit reisten DDR-Bürger individuell oder organisiert mit dem Reisebüro der DDR, mit Jugendtourist oder dem tschechischen Reisebüro Čedok.

Unter den Individualreisenden befanden sich außerordentlich viele Campingtouristen, die das enge Netz von Zeltplätzen ansteuerten und davon profitierten, dass in der ČSSR im Gegensatz zur DDR keine Voranmeldungspflicht bestand.

Einige grenznahe Städte entwickelten sich zudem zu Drehscheiben deutsch-deutscher Begegnungen für Verwandte und Freunde.

Auch die Volksrepublik Bulgarien war unter den DDR-Bürgern als Urlaubsland begehrt. Reisen in das Land waren jedoch aufgrund des möglichst gleichwertigen Touristenaustausches limitiert. Da nur wenige Bulgaren an Reisen in die DDR interessiert waren, ergab sich im Gegenzug nur eine geringe Anzahl an Reiseplätzen. DDR-Bürger hingegen genossen das fast schon exotische Flair des Landes – die Strände des Schwarzen Meeres und die Gebirgslandschaften. Im institutionellen Reiseverkehr wirkten vorrangig das Reisebüro der DDR, Jugendtourist und das bulgarische Reisebüro Balkantourist. Über ersteres waren auch Einzelleistungen, wie Be-

Bundesarchiv, Bild 183-1985-1019-011, Hubert Link

Urlauber auf dem Platz vor dem Winterpalais in Leningrad, 1985

förderung, Campingstellplätze, Privatunterkünfte und Kraftstofftalons (Gutscheine für Benzin) buchbar. DDR-Bürger benötigten ab den 1960er-Jahren kein Visum mehr. Für die Einreise war jedoch eine Reiseanlage zum Personalausweis nötig.

Im Gegensatz zu Bulgarien war die Sozialistische Republik Rumänien (SRR) eines der von DDR-Bürgern am wenigsten bereisten Länder. Dies lag einerseits an der geografischen Ferne zur DDR, andererseits am politischen Kurs Rumäniens, welcher der Regierung in Berlin wenig verlässlich erschien. Touristisch war das Land ebenfalls wenig erschlossen und die ohnehin geringe Anzahl an organisierten Reisen teuer. Dies widersprach in gewisser Weise dem natürlichen touristischen Potenzial Rumäniens, das mit der Schwarzmeerküste, den Karpaten, dem Donaudelta, der Stadt Bukarest und den kulturhistorisch interessanten Klös-

Heike Wolter

Erinnerungen an einen Besuch in Moskau, 1970

Privat

Studienreise nach Moskau, 1989

Heike Wolter

Campingurlaub am Roofensee, 1980

Bundesarchiv, Bild 183-1982-0730-409, Wolfgang Thieme

Campingurlaub an der Talsperre Pirk im Vogtland, 1982

tern der Bukowina durchaus ansehenswerte Ziele bot. DDR-Bürger benötigten für eine Reise nach Rumänien ab 1966 statt eines Visums eine Reiseanlage zum Personalausweis. Für individuelle Reisen war zudem eine Einladung eines rumänischen Staatsbürgers notwendig. Organisierte Reisen konnten über das Reisebüro der DDR, Jugendtourist und das rumänische Reisebüro Carpati gebucht werden.

Besonders brisant war die Lage bei Reisen in die Sozialistische Föderative Republik Jugoslawien. Das Land organisierte seinen Tourismus auf Dollarbasis, zeigte sich grundsätzlich liberal gegenüber westlichem Tourismus und wollte der DDR-Führung keine vollständige Sicherheit der Westgrenzen zu Italien und Österreich garantieren. Daher waren für DDR-Bürger ausschließlich organisierte Reisen möglich. Vor der Erteilung der dafür benötigten Genehmigung erfolgte eine umfassende Prüfung des Reisewilligen durch die „staatlichen Organe". Die Reise selbst war nur mit einem entsprechenden Visum möglich. Dabei konnten Reisen außer im Jugendtourismus prinzipiell nicht an Bürger unter 26 Jahren vergeben werden. Alleinstehende Bürger ohne enge familiäre Bindungen in der DDR, kinderlose Ehepaare, Bürger mit nahen Verwandten im nichtsozialistischen Ausland und Personen, die als fluchtgefährdet galten, waren ausgeschlossen. Im Jugendtourismus galten ähnlich strenge Auswahlkriterien. Nur Rentner und Invaliden konnten Buchungen für Touristenreisen in die SFRJ direkt beim Reisebüro der DDR vornehmen. Dabei war das Land mit vielfältigen touristischen Angeboten ausgestattet. Der mit Mitteleuropa vergleichbare Norden kontrastierte mit dem mediterranen bis orientalisch erscheinenden Süden. Die Pannonische Tiefebene, die Gebirgslandschaften und die Adriaküste mit den ihr vorgelagerten Inseln waren außerordentlich attraktiv. Als institutioneller Partner wirkten das Reisebüro der DDR, Jugendtourist und das jugoslawische Reisebüro Yugotours.

Fernreisen waren selten, blieben meist der Funktionärselite oder aber einkommensstarken Bevölkerungsteilen vorbehalten und stellten für den Staat aufgrund der Fluchtgefahr eine besondere Herausforderung dar.

Diese Reisen waren in geringem Maße, das heißt für wenige hundert Touristen pro Jahr und Ziel möglich. Diese DDR-Bürger konnten in die Sozialistische Republik Kuba, die Sozialistische Republik Vietnam, die Koreanische Demokratische Volksrepublik und die Mongolische Volksrepublik reisen, wobei dies mit hohen Kosten verbunden war.

Hinzu kamen Kreuzfahrten auf einem Urlauberschiff, die einen für DDR-Bürger ungewohnten Komfort versprachen. Die DDR besaß im Laufe ihrer Geschichte drei Kreuzfahrtschiffe, die „MS Völkerfreundschaft", die „MS Fritz Heckert" und die „MS Arkona".

Das erste Urlauberschiff war seit 1960 die „Völkerfreundschaft", ein Schiff für 550 Passagiere, das die DDR von Schweden erwarb. Die nötigen Devisen wurden mit Hilfe der Steckenpferd-Bewegung für 17,5 Millionen Valutamark erworben. Diese Bewegung war das Spendenprojekt eines DDR-Kosmetikbetriebes, der über Plan produzierte und so Mehreinnahmen erwirtschaftete. Das Schiff wurde von verschiedenen Veranstaltern – dem FDGB, dem Reisebüro der DDR, Massenorganisationen und großen Betrieben der DDR, Reisebüros anderer sozialistischer Staaten und Reisebüros nichtsozialistischer Staaten gebucht. Die erste Reise des FDGB führte von Rostock nach Constanta ins Schwarze Meer via Nord-Ostsee-Kanal, Rhodos und Piräus. Später wurden vorwiegend Ostseefahrten durchgeführt. 1985 wurde die „Völkerfreundschaft" außer Dienst gestellt.

Als zweites Urlauberschiff ließ der FDGB mit Finanzmitteln aus zahlreichen Volkseigenen Betrieben und Spenden der Bevölkerung 1961 die „MS Fritz Heckert" für 384 Passagiere bauen. Das Schiff befuhr vor allem die Ostsee, wurde aber im Laufe der Jahre immer weniger vom FDGB genutzt und letztendlich als Devisenbringer verchartert. 1971 wurde die „MS Fritz Heckert" aus ungeklärten Gründen stillgelegt. Als letztes Urlauberschiff erwarb die DDR 1985 die „MS Arkona". Das ehemalige „Traumschiff" aus der gleichnamigen bundesrepublikanischen Fernsehserie war für 580 Passagiere ausgelegt. Jährlich wurden vom FDGB etwa 15 Fahrten unternommen, die erste nach Leningrad

Heike Wolter

„MS-Völkerfreundschaft"

Bundesarchiv, Bild 183-A1128-0059-003, Hanke

Kuba-Reisende auf der „MS Völkerfreundschaft"

Bundesarchiv, Bild 183-71706-0048, Helmut Schaar

Auf dem Sonnendeck der „MS Völkerfreundschaft“, 1960

und Riga. Die „MS Arkona“ befuhr besonders die Atlantikroute nach Kuba. Die Öffnung der innerdeutschen Grenzen im November 1989 erlebten Besatzung und Passagiere während einer Mittelmeerfahrt.

Die Urlaubsplätze machten nur einen geringen Anteil der FDGB-Reisen zwischen 16.500 Passagieren 1962 und 9.300 Personen 1989 aus. Aus propagandistischen Gründen wurden sie aber als Leistung des FDGB für seine Mitglieder und als Mittel der Völkerverständigung ins Zentrum der Presseberichterstattung gerückt. Allen Lesern bzw. Zuschauern sollte auf diese Weise verdeutlicht werden, dass angeblich jeder einfache Arbeiter und Bauer in den Genuss einer solchen Reise kommen konnte. Tatsächlich wurden die Passagiere speziell ausgewählt und von Mitarbeitern des Ministeriums der Staatssicherheit überwacht. Die Preise stellten dabei nicht die entscheidende Eintrittsbarriere dar. Die meisten Reisen wurden auf Vorschlag hin an verdiente DDR-Bürgern durch die Kreisvorstände des FDGB verteilt. Die Vergabe erfolgte als Auszeichnung mit der die Reisenden die Gelegenheit für eine Kreuzfahrt erhielten. Die Kosten der Reise mussten jedoch vom Urlauber selbst getragen werden.

Wurden vor dem Mauerbau Ost- und Nordsee, Mittel- und Schwarzes Meer befahren, so wurden die Routen nach dem Mauerbau und zahlreichen Fluchtversuchen im Nord-Ostsee-Kanal sowie in der Bosporus-Meerenge stark beschränkt. Erst in den 1980er-Jahren wurden neue Ziele in Nordafrika angesteuert.

Auch hier bestimmte die Fluchtgefahr den Alltag des Touristen. Nicht Landgänge, sondern das Verweilen an Bord standen im Mittelpunkt der Reisen. Ausflüge ab Häfen nichtsozialistischer Staaten waren seit 1961 untersagt und die schwer kontrollierbaren Landgänge in sozialistischen Staaten wurden begrenzt.

Touristenreisen in das nichtsozialistische Wirtschaftsgebiet waren nur in seltenen Fällen möglich. Jährlich gab es für weni-

Bundesarchiv 183-1985-1119-304, Jürgen Sindermann

Passagiere der ‚MS Arkona' in der Eremitage in Leningrad, 1985

ge tausend DDR-Bürger die Möglichkeit, in einer organisierten Gruppenreise nach Österreich, Finnland, Frankreich und in die Bundesrepublik zu fahren. Diese Fahrten können jedoch nicht als Urlaubsreisen gewertet werden, denn im Vordergrund standen politische Kontakte mit ausgesuchten Bürgern dieser Länder, wie Besuche bei Gewerkschaften oder bei Kommunistischen Parteien. Die Fluchtgefahr führte dazu, dass sich die DDR in den 1970er-Jahren der internationalen Öffnung nur in kleinen Schritten stellte. Lediglich Rentner hatten die Möglichkeit, nichtsozialistische Länder zu besuchen. Zum anderen gab es wenige Reisen in das nichtsozialistische Ausland über das Reisebüro der DDR und über Jugendtourist. Sie wurden oft als Auszeichnungsreisen an politisch Zuverlässige vergeben.

Ein großes Problem für DDR-Bürger in Bezug auf alle ausländischen Reiseziele lag in der mangelnden Informationsmöglichkeit vor und während der Reise. Die Informationen des Veranstalters boten zumeist nur wenige praktische Hinweise auf Reisezeit, -ort und -bedingungen. Aktuelle Reiseführer, Karten, Bildbände waren häufig nicht oder nicht in ausreichender Zahl verfügbar.

Bundesarchiv, Bild 183-S86276, Igel

Kartenstudium in der Zweigstelle des Feriendienstes des FDGB

Bundesarchiv, Bild 183-15310-0009, Rösener

Passagiere auf einem Segelschiff, 1952

Die Gegenüberstellung der tatsächlichen Reisepraxis mit den staatlichen Planungen zeigt deutliche Diskrepanzen. Einerseits konnte die Nachfrage nicht erfüllt werden. Andererseits nahm auch die Qualität touristischer Leistungen für DDR-Bürger in einigen Staaten ab. Preiserhöhungen intensivierten zunehmend das Devisenproblem der DDR. Mitte der 1980er-Jahre erkannte das zuständige Ministerium für Handel und Versorgung, dass „Motivationen und Vorstellungen zum konkreten Reiseziel, zur Reisezeit, zur Beförderungsart und insbesondere zur Thematik der Reise zielgerichteter geworden [sind]. Interessenten für den organisierten Auslandstourismus sind anspruchsvoller geworden, qualitäts- und preisbewusster. Ihr Kaufverhalten hat sich in den letzten Jahren verändert" (Grundkonzeption Auslandstourismus 1985-1990). Auch in diesem Bereich machte die Staatsführung die Erfahrung, dass die Grundversorgung mit Urlaubsreisen der Bevölkerung nicht mehr ausreichte. Dabei war es selbstverständlich, dass Reisen angeboten wurden. Diese sollten jedoch, wenn möglich nach individuellen Wünschen, Bildungsniveau und gesellschaftlicher Position differenziert organisierbar sein. An dieser Herausforderung scheiterte die DDR.

Reiseveranstalter

In der DDR gab es eine geringe Anzahl von Reiseanbietern, was typisch für sozialistische Staaten war. Einerseits gab es die subventionierten sozialistischen Anbieter: Feriendienst des FDGB, Betriebe und Jugendtourist, das Reisebüro der FDJ. Andererseits vermittelte das Reisebüro der DDR weitgehend kostengedeckte Reisen zu entsprechend hohen Preisen. Hinzu kamen weitere Massenorganisationen, Ministerien als Urlaubsanbieter und wenige private Anbieter von Unterkünften.

Eine Ausnahmeerscheinung stellte die nur wenigen DDR-Bürgern mittelbar zugängliche Genex Geschenkdienst GmbH dar. Diese konnten Bundesbürger nutzen, um Verwandten oder Freunden in der DDR Waren und Leistungen zukommen zu lassen. Zum Angebot der Genex zählten unter anderem Reisen, welche in der DDR nur schwer zu buchen waren, wie beispielsweise Aufenthalte in höherwertigen Interhotels.

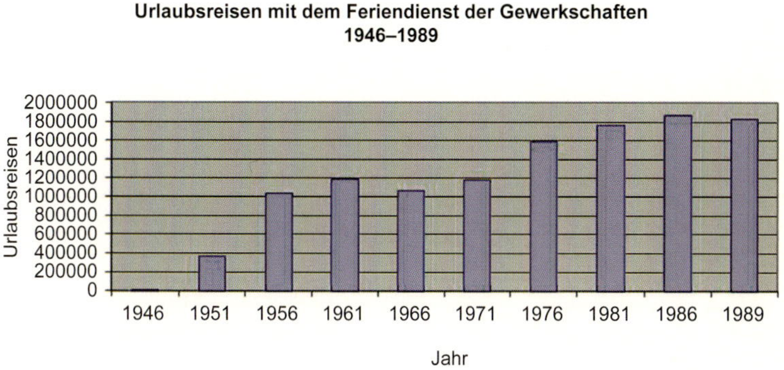

Heike Wolter

FDGB-Urlaubsreisen

Der Feriendienst des FDGB bot seit 1947 preisgünstige Reisen an. Er orientierte sich dabei sowohl an den touristischen Vorkriegserfahrungen der Arbeiterbewegung in der Weimarer Republik, dem Gewerkschaftstourismus in der UdSSR als auch – natürlich ohne diesen problematischen Bezug zu erwähnen – an den KdF-Fahrten der Nationalsozialisten. Die KdF hatte beispielsweise Schiffsreisen nach Madeira und zu den Kanarischen Inseln organisiert.

Da die niedrigen Preise eines der zentralen Merkmale des FDGB waren, verwendete dieser zumindest mit dem starken Ausbau der Kapazitäten seit den 1970er-Jahren den größten Teil seines Beitragsaufkommens für den Feriendienst. Bis in die 1960er-Jahre hatte man sich noch um eine wirtschaftliche Rechnungsführung bemüht, aber mit dem VIII. Parteitag 1971 wurde dieser ökonomische Anspruch aufgegeben. Die Reisen wurden nur noch zu einem geringen Teil von den Urlaubern selbst finanziert. Die Deckungslücke übernahmen der FDGB und der Staatshaushalt. Die Urlauber zahlten seit 1963 nach Ausstattungskategorien und Einkommen gestaffelte Preise. Vorher existierten keine verbindlichen Vorgaben. Ermäßigte Preise galten für FDGB-Mitglieder, ruhende Mitglieder sowie gewerkschaftlich organisierte (Ehe-)Partner und deren Kinder. Insbesondere die Preise für Kinder spiegelten nicht die Ausgaben wider. Sie betrugen mit wenigen Ausnahmen einheitlich 30 Mark. Rentner wurden entsprechend der niedrigsten Verdienstklasse von Werktätigen eingestuft. Da die Beträge im Laufe der Jahre geringfügig erhöht wurden, die Leistungskosten aber erheblich stiegen, sanken die Beiträge prozentual gesehen sogar. Daher wurden die Mehraufwendungen an den Staatshaushalt weitergereicht.

Durch den Feriendienst wurden allgemeine Urlaubsreisen sowie spezielle Fahrten im Sinne einer Sozialfürsorge für benachteiligte Bevölkerungsgruppen angeboten. Es gab Reisen für werdende Mütter, Diabetiker, besonders belastete Werktätige aus der Landwirtschaft, Gewerkschaftsveteranen, Jugendliche und (kinderreiche) Familien. Einzelurlauber wurden hingegen in den Planungen kaum berücksichtigt.

Dabei wurde den Urlaubern ein Paket aus Unterkunfts-, Verpflegungs- und Betreuungsleistungen angeboten. Die Beförde-

Ullsteinbild 90047004

Geschenkreisen von Genex für Bürger der DDR

rung zum und vom Ferienort gehörte nicht zum Leistungsumfang, konnte allerdings mit einer Ermäßigung von 30 Prozent über die Deutsche Reichsbahn gebucht werden.

Die Mehrzahl der Reisen des Feriendienstes führte ins Inland. Auslandsreisen ergaben sich durch die geringen Kontingente an Reisen auf den Urlauberschiffen sowie durch Scheckaustausch mit den Gewerkschaftsorganisationen anderer sozialistischer Länder. Diese Möglichkeit bestand mit den Gewerkschaftsorganisationen der UdSSR, der ČSSR, Polens, Ungarns, Rumäniens und Bulgariens. Auf die Weise konnte allerdings wegen des paritätischen Austauschs nur eine geringe Anzahl von Reisen in Gewerkschaftsferienheime der Gastländer vermittelt werden.

Häufig entsprachen die angebotenen Reiseziele nur bedingt den Interessen der Gewerkschafter. Doch in erster Linie ging es hierbei um das „Ob" und nicht um das „Wie" des Reisens. Bis in die 1970er-Jahre stand die grundsätzliche Versorgung im Vordergrund und wurde von den Bürgern vorwiegend als positive Errungenschaft des FDGB gewürdigt. Erst später mehrte sich die Kritik bezüglich der Diskrepanzen von Angebot und Nachfrage. Dieses Problem wurde durch die DDR-weit einheitlichen Ferienzeiten unnötig verschärft. In Abgrenzung von der bundesrepublikanischen Staffelregelung hatten alle Schüler der DDR gleichzeitig Ferien. Somit entstand vor allem in den achtwöchigen Sommerferien und den zweiwöchigen Winterferien eine übermäßige Urlauberkonzentration. Unter dieser Bedingung wurden zumeist so genannte Urlauberdurchgänge im Zweiwochentakt gebildet.

Die Urlauber des Feriendienstes wurden in FDGB-eigenen oder in Kooperation mit Betrieben bewirtschafteten Ferienheimen, in Vertragshäusern oder Privatquartieren und in geringer Zahl auch in gehoben ausgestatteten (Inter-)Hotels untergebracht.

Vor allem die Ferienheime boten zahlreiche Plätze. Sie waren zwar teuer im Unterhalt, doch gewährleisteten sie ideologische Einflussnahme und rationelle Massenabfertigung. Den Reisenden gefielen diese oft modernen Plätze im FDGB-Urlaubskontingent. Ein Beispiel war das Ferienheim „August Bebel" in Friedrichroda, der so genannte „Maja-Tempel", mit mehr als 1.000 Betten.

Bundesarchiv, Bild 183-1987-1231-005, Heinz Hirndorf

FDGB-Erholungsheim „August Bebel“ in Friedrichroda, 1987

Bundesarchiv, Bild 183-L1221-013, Dieter Demme

FDGB-Ferienheim „Theo Neubauer“ in Tabarz, 1972

Heike Wolter

Privatunterkunft des FDGB in Alt-Reddewitz, 1981

Bei den Kooperationsferienheimen handelte es sich um Objekte der Betriebe. Da diese ihre Kapazitäten nicht immer ausnutzten oder am Tausch von Plätzen interessiert waren und der FDGB seine Vorrangstellung wahren wollte, kam es ab 1972 zur Zusammenarbeit. Als Vertragshäuser galten Kapazitäten, die nur saisonal vom FDGB angemietet wurden. Es waren meist Pensionen im Küstengebiet oder in den Mittelgebirgen. Privatquartiere wurden seit den 1970er-Jahren ebenfalls massiv zu einer Zusammenarbeit mit dem FDGB gedrängt, um die Kapazitäten des Gewerkschaftsurlaubs zu erhöhen.

Der Zugriff auf Hotelkapazitäten ergab sich für den Feriendienst seit 1971. Aus Kostengründen blieben diese Angebote zahlenmäßig stark begrenzt und waren vor allem Mitarbeitern volkswirtschaftlich wichtiger Betriebe und Werktätigen mit hervorragenden Leistungen im sozialistischen Wettbewerb vorbehalten.

Doch die klassische FDGB-Ferienreise setzte sich nicht nur aus der Übernachtung, sondern auch aus Vollverpflegung und einem Animationsprogramm zusammen. Bei der Verpflegungsleistung handelte es sich in der Regel um Vollpension. Diese bot für das planwirtschaftliche System der DDR die besten Möglichkeiten der volkswirtschaftlichen Berechenbarkeit. Die Verpflegung erfolgte meistens in großräumigen, zentral gelegenen Gaststätten der Ferienorte. Sie waren mit dem Feriendienst vertraglich verbunden und nicht-öffentlich zugänglich. Die Qualität des Essens war einer der zentralen Kritikpunkte an den Leistungen des FDGB-Feriendienstes. Hinzu kam ein Paket aus Betreuungsleistungen, das ein sportliches und kulturelles Programm beinhaltete.

In den 1950er- und 1960er-Jahren stand außerdem die ideologische Einflussnahme im Vordergrund. Ganz deutlich sollte dies das gewerkschaftliche Ziel kollektiver Urlaubsgestaltung sein. Das staatliche Interesse ließ aber ab den 1970er-Jahren stark nach. Die

Ullsteinbild 00374253

Urlaubersport am Ostseestrand, 1958

sportliche Betreuung der Urlauber im Sinne einer aktiven Reproduktion der Arbeitskraft rückte in den Mittelpunkt der Bemühungen. So gab es beispielsweise seit 1968 Urlauberolympiaden. Ab 1971 führte der FDGB die Aktion „Mein Urlaub – kein Urlaub vom Sport" durch. Innerhalb des kulturellen Rahmenprogramms gab es beispielsweise Lesungen und (Lichtbilder-)Vorträge sowie Mal-, Strick- und Bastelkurse. Für Kinder wurde meist ein umfangreiches gesondertes Programm angeboten.

Da es nie so viele Reisen wie Nachfrage gab, musste jährlich eine Auswahl aus den Antragstellern getroffen werden. Schon hier zeigt sich der Unterschied zu einem marktwirtschaftlichen touristischen System. Selbst bei den spärlich verfügbaren Urlaubsplätzen des Reisebüros der DDR ging es nicht um eine Kaufberatung bzw. -entscheidung aus einem bestehenden Angebot. Vielmehr bewarben sich die Bürger um einen Platz, der dann zugeteilt wurde. Beim Feriendienst geschah dies durch jährlich erarbeitete Grundsätze des FDGB-Präsidiums, die bestimmte Auswahlkriterien enthielten. Arbeitsleistung, familiäre Situation, die Anzahl der bereits erhaltenen Ferienplätze des FDGB und das Maß an gesellschaftlicher Aktivität inner- und außerhalb des FDGB waren wichtige Kriterien. Der Stellenwert dieser Kennzeichen änderte sich zwischen den 1950er- und 1980er-Jahren kaum, lediglich der Familienerholung wurde eine höhere Bedeutung zugemessen.

Nach den genannten Vorgaben informierten die Betriebs- oder Abteilungsgewerkschaftsleitungen in den Unternehmen über die verfügbaren Reisen nebst ihrer Kriterien. Sie nahmen die Anträge der Werktätigen entgegen, berieten über diese und entschieden. Zuweisungsberechtigt waren nicht nur alle Angestellten, die mindestens seit einem Jahr im FDGB organisiert waren, sondern auch Berufsanfänger und Lehrlinge unabhängig von der Dauer der Mitgliedschaft, ruhende Mitglieder durch Studium oder Grundwehrdienst, im Ausland tätige Mitglieder des FDGB und seit Mitte der 1970er-Jahre auch Rentner, wenn sie während ihres Erwerbslebens Mitglied des FDGB waren. Bei einer positiven Entscheidung des Antrags auf einen Urlaubsplatz wurde dieses Ergebnis im FDGB-Mitgliedsbuch vermerkt, um einen Überblick

Ullsteinbild 00229941

FDGB-Einweisungsstelle in Oberhof, einem der wichtigsten Erholungsorte der DDR

über die bereits erhaltenen gewerkschaftlichen Leistungen zu gewährleisten. Außerdem erhielt der Urlauber einen so genannten Ferienscheck. Auf diesem Gutschein wurden Unterkunft, Vollpension und Veranstaltungen an einem bestimmten Ferienort und in einem definierten Zeitraum eingetragen. Zudem konnte man ihn bei der Deutschen Reichsbahn vorlegen, um eine Fahrpreisermäßigung zu erhalten. Der Ferienscheck wurde schließlich vom Urlauber an die zentrale Einweisungsstelle im Erholungsort gesandt und er erfuhr, in welcher Einrichtung die Unterbringung erfolgen würde.

Die beträchtlichen quantitativen Erfolge in der Urlaubsgestaltung für möglichst viele Bürger wurden bald durch die Mängel des Systems überlagert. Probleme bereiteten vor allem der ungeheure Nachfrageüberhang, die Konzentration der Urlaubswünsche auf die Sommerferienzeit, die mangelnde Qualität der Unterkünfte und der Versorgung, die Vernachlässigung der Infrastruktur in

Bundesarchiv, Plak 103-014-004

Werbung für den „Konsum"-Einkaufsmarkt, 1954

den Erholungsorten, die ökologischen Probleme und die organisatorischen Mängel, die vor allem durch ungenaue Zuweisung von Verantwortlichkeiten entstanden.

Bei der Vergabepraxis wurden diejenigen Bewerber bevorzugt, die sich systemkonform zeigten. Beim zweiten Wirtschaftskreislauf waren jene privilegiert, die über Beziehungen verfügten wie produktionsstarke Betriebe, die ein entsprechendes Reiseangebot für ihre Mitarbeiter bereitstellen konnten und all jene, die von Tauschbeziehungen profitierten.

Das betriebliche Erholungswesen entstand als Alternative und Ergänzung zum Feriendienst des FDGB ab 1953. Seit damals war es den Unternehmen gestattet, eigene Urlaubskapazitäten für ihre Angestellten zu schaffen. Daher durften Volkseigene Kombinate und Betriebe, Volkseigenen Betrieben gleichgestellte Einheiten, Staatliche Organe, staatliche Einrichtungen und Einrichtungen der volkseigenen Wirtschaft sowie Organisationen und Betriebe im Verantwortungsbereich der Konsumgenossenschaften der DDR im Tourismus als Anbieter tätig werden. Schnell wurde deutlich, dass sie überaus erfolgreich als Reiseveranstalter agierten. Da aber der FDGB auf seine Vorrangstellung im Sozialtourismus bestand, übernahm er ab 1979 die Leitung und Planung des betrieblichen Erholungswesens und wies den Betrieben eine lediglich ausführende Funktion zu. Die Qualität der betrieblichen Ferienunterkünfte war trotzdem vom Betrieb abhängig. So war bei Baubetrieben die Bausubstanz der Häuser hervorragend, bei Unternehmen der Nahrungsmittelindustrie aßen die Gäste wiederum besonders opulent.

FDGB und betriebliches Erholungswesen konkurrierten nur symbolisch miteinander. In der Mangelgesellschaft konnten beide Anbieter die hohe Nachfrage nicht befriedigen. Die Betriebe waren zur Deckung der so genannten Erholungsbedürfnisse sogar dringend nötig. Doch der FDGB bangte um seine ideologische Stellung als Haupterholungsträger. Er zwang daher die Betriebe in Kooperationsvereinbarungen sowie Interessengemeinschaften und erstellte Vorgaben zur Gestaltung des betrieblichen Erholungswesens.

Heilke Wolter

Bungalow des VEB Deutsche Seereederei Rostock, 1975

Auslandsurlaube im betrieblichen Erholungswesen basierten auf Kontakten zu Unternehmen in anderen sozialistischen Staaten. Die vom Staat, genauer vom Ministerium für Finanzen, gestellte Bedingung lautete, dass eine Valutabelastung der Staatsbank der DDR ausgeschlossen werden musste. Das war möglich, indem paritätischer und devisenloser Urlauberaustausch stattfand. DDR-Bürger wurden durch den aufnehmenden Betrieb mit entsprechenden Reisezahlungsmitteln in Landeswährung ausgestattet. Umgekehrt finanzierte der DDR-Betrieb den ausländischen Besucher.

Die Verteilung der betrieblichen Erholungsplätze erfolgte organisatorisch genauso wie die Vergabe der Plätze des Feriendienstes und auch die Preisgestaltung war vergleichbar. Die Unterkünfte und Verpflegungsleistungen aber variierten im Betriebserholungswesen stark. Einen großen Prozentsatz der Unterkünfte bildeten Bungalows, Zelte und Wohnwagen an Seen oder an der Ostsee, die nur im Sommer genutzt werden konnten. Außerdem bewirtschafteten viele Betriebe eigene Ferienheime.

Die beschriebene Nebentätigkeit der Betriebe als Reiseveranstalter war eine Besonderheit sozialistischer Systeme, in denen die Arbeitsstätte oft wichtigster sozialer Raum war. Im öffentlichen Sinne war der Betrieb Standort politisch-ideologischer Bildung, nicht- oder halb-öffentlich aber darüber hinaus eine Stätte persönlichen Austauschs und Lebensort. Die Tatsache, dass viele Kollegen durch die betriebseigenen Urlaubsgelegenheiten Nachbarn in der Freizeit wurden, trug zu diesem Konzept bei. Für die Betriebe waren die Erholungsmöglichkeiten ein wichtiger Pluspunkt, um in einem System der Vollbeschäftigung Arbeitskräfte an sich zu binden. Für die Beschäftigten wiederum war das Betriebserholungswesen ein zusätzlicher Leistungsanreiz.

Das „Reisebüro der Deutschen Demokratischen Republik" wurde 1957 unter dem Namen „VEB Deutsches Reisebüro" gegründet. In ihm wurden alle bis dahin agierenden privaten Reisebüros auf Anordnung des Ministeriums für Verkehrswesen zwangsweise übernommen. Bis 1974 vermittelte es auch Jugendreisen, danach ging diese Aufgabe an ein gesondertes Jugendrei-

Heike Wolter

Unterkunft in einem umgebauten Bauwagen in Altschadow, 1981

sebüro. Das Reisebüro war das einzige staatliche Dienstleistungsunternehmen für den Tourismus, welches unter marktähnlichen Bedingungen auf Kostendeckungsbasis arbeitete. Trotzdem war es aus planwirtschaftlichen Abstimmungsgründen in der komplexen staatlichen Planung, Leitung und Organisation von Erholungswesen und Tourismus eingebunden.

Für den im Sozialtourismus wenig beachteten Bereich des Auslandstourismus war es der zentrale Anbieter. Es vermittelte touristische Aufenthalte im In- und Ausland als Einzel- oder Gruppenreisen. Für die Deutsche Reichsbahn, die Interflug, die Verkehrskombinate und die Fahrgastschiffe arrangierte es auch einzelne touristische Leistungen, wie Unterkünfte (insbesondere in Interhotels), Stadtrundfahrten und -führungen, Theater- und Konzertkarten, gastronomische und Verkehrsleistungen.

Die Generaldirektion, die für den Kundenverkehr geöffnet war, befand sich im „Haus des Reisens“ am Berliner Alexanderplatz. Dort hatten die Abteilungen Inlandstourismus, sozialistisches und nichtsozialistisches Ausland, Ökonomie sowie Auslän-

Ullsteinbild 00939139

Interhotel Stadt Berlin auf dem Alexanderplatz, 1970

derbetreuung ihren Sitz. Die meisten Reisewilligen wandten sich jedoch an eine der etwa 150 Zweig-, Neben- und Außenstellen des „Reisebüros der DDR" in den größeren Städten.

Während in den 1950er- und 1960er-Jahren internationales Reisen im organisierten Tourismus noch kaum eine Rolle spielte, wuchs dieses Begehren unter DDR-Bürgern mit Blick auf die Urlaubsgestaltung der Bundesbürger in den 1970er-Jahren rasch an. Angesichts der starken Reisebeschränkungen bot das Reisebüro, auch wenn keinesfalls in der nachgefragten Menge, eine große Vielfalt von Auslandsreisen an. 1988 waren beispielsweise Reisen in zwölf sozialistische und fünf kapitalistische Länder Europas, Asiens und nach Kuba in Mittelamerika möglich. Die wichtigsten Zielländer waren die Tschechoslowakei, die Sowjetunion, Ungarn, Bulgarien, Polen sowie Rumänien. Während es gelang für einen Teil dieser Staaten ab den 1970er-Jahren die Angebotszahlen beachtlich zu steigern, funktionierte dies nicht gleichmäßig für alle Zielgebiete. In der Folge konnten oft Zielwünsche der Kunden nicht berücksichtigt werden. Einige, touristisch attraktive sozi-

Bundesarchiv, Bild 183-U0602-0005, Ulrich Häßler

Pfingsten auf dem Burgberg bei Meißen, 1979

alistische Staaten bedienten erst die Nachfrage auf dem Devisen versprechenden westlichen Markt, bevor sie Restkontingente an die sozialistischen „Bruderländer“ vergaben.

Dieser Mangel führte zum Teil zu grotesken Buchungssituationen. Die Informationen über das Angebot erfolgten über die Zeitung oder durch Aushänge im Schaufenster der Reisebüros, jeweils mit einem Vermerk, ab welchem Tag diese Reisen zum Verkauf stünden. In der Praxis hieß das: Schlangestehen.

Seit 1975 bestand für den Bereich der Jugendreisen ein eigenes Spezialreisebüro – „Jugendtourist“. Man folgte damit der Entwicklung in anderen sozialistischen Ländern, in denen es bereits solche Organisationen gab. Unmittelbares Vorbild war das Jugendreisebüro „Sputnik“ in der UdSSR.

Aber schon 1950 war ein Gesetz für die Jugend der DDR erlassen wurden, das das Recht auf Arbeit und Erholung festlegte. Das Ziel der Ferien- und Urlaubsgestaltung sollte sein, dass sich die Jugendlichen bei vielfältiger kultureller, sportlicher und touristischer Betätigung erholten, bildeten und ihre Leistungsfähigkeit erhöhten. Kollektive Erholungsformen sollten vorrangig entwickelt werden und dabei ein preisgünstiges Reiseangebot bieten. Der Austausch mit Jugendorganisationen anderer sozialistischer Staaten wurde mit Blick auf eine vertiefte Völkerfreundschaft gefördert. Auf die Auszeichnung von besonders leistungsfähigen, gesellschaftlich und politisch engagierten Jugendlichen wurde Wert gelegt. Für die meisten Reisenden stand indes der Erholungs- und Erlebnisgedanke im Mittelpunkt.

Jugendtourist bot Reisen für Studenten, Lehrlinge, Berufsschüler und Schüler an. Die obere Altersgrenze lag bei 30 Jahren, ab 1984 bei 25 Jahren. Für Mitglieder der FDJ sowie Betreuer und Reiseleiter gab es keine Altersbeschränkung. Kinder konnten, soweit es das Reiseprogramm zuließ, in Begleitung der Eltern oder mit Pioniergruppen teilnehmen. Jugendliche mussten für eine Teilnahme offiziell nicht in der FDJ organisiert sein, aber gerade bei besonders begehrten Reisen war die Mitgliedschaft ein Auswahlkriterium.

Ullsteinbild 00257391

Angebote des Reisebüros der DDR im Schaufenster einer Zweigstelle in Dresden, 1973

Reiseleiterbericht Nr. 8421-0507-39 Saturn-Sinaia
vom 13.8. - 27.8.1984 ents. Bezirk: Potsdam
Reiseleiter:
Name des Betreuers im Gastland:
Saturn: Cornel Sinaia: Mihai

1. Vorbereitung der Reisegruppe
Die Reisegruppe wurde in 2 Reisevorbesprechungen langfristig vorbereitet. An der 1. Vorbesprechung nahmen 85% der Teilnehmer, an der 2. Vorbesprechung 65% der Teilnehmer teil. Jeder Teilnehmer war mindestens einmal anwesend. Im Mittelpunkt der Vorbesprechungen standen aktuell-politische Ereignisse und technisch-organisatorische Fragen. Die Jugendfreunde spendeten 114,00 M für die Solidarität.

2. Erfüllung der Leistungen und der Qualität
Die Reise war eine Erholungsreise, bei der die aktive Erholung nicht zu kurz kam. Die Jugendfreunde erhielten Einblicke in die Probleme der SR Rumänien und erlebten den 40. Jahrestag der Befreiung mit. Von vielen Jugendfreunden wurde hoch eingeschätzt, daß unser Staat ihren Erholungsaufenthalt durch finanzielle Unterstützung ermöglichte.

Heike Wolter

Auszug aus dem Bericht eines Jugentourist-Reiseleiters über eine Rumänienreise, 1984

Heike Wolter

Informationsbroschüre „tour“ von Jugentourist, 1987

Für das Ausland standen seitens Jugendtourist Reisen in sozialistische und in geringem Umfang auch in nichtsozialistische Staaten auf dem Programm. 1987 beispielsweise ging es in 40 Länder auf vier Kontinenten, teilweise jedoch für wenige Dutzend Reiseteilnehmer pro Ziel. Das traditionelle Hauptreiseland stellte in der gesamten Zeit die UdSSR dar.

Der überwiegende Teil der Reiseangebote führte in die geografisch nahen, europäischen Länder der sozialistischen Staatengemeinschaft. In diese Länder wurde unter anderem eine spezielle Reiseform angeboten, die so genannten Freundschaftszugreisen. Bei diesen Zugreisen fungierte die Bahn als fahrendes Hotel mit einer internationalen Besetzung.

Das Angebot an Reisen in nichtsozialistische Staaten war zahlenmäßig nicht weiter ausschlaggebend, aber von besonderer politischer Brisanz, denn hier ging es um die Außendarstellung der DDR. Nach strenger Teilnehmerauswahl wurden im Zuge der völkerrechtlichen Anerkennung der DDR ab den 1970er-Jahren meist einwöchige Gruppenreisen, z.B. nach Algerien, Dänemark, Finnland, Italien, Österreich, Griechenland, Portugal, Zypern und in die Bundesrepublik angeboten.

Wichtigstes Problem in der Anfangsphase des Jugendreisebüros war zunächst die Beschaffung der notwendigen Ausrüstung und Unterbringungskapazitäten. Rekonstruktion, Modernisierung und Neubau von entsprechenden Einrichtungen nahmen daher eine zentrale Stellung ein. Aushängeschild von Jugendtourist waren die zwei Jugenderholungszentren in Wendisch-Rietz am Scharmützelsee und in Eckartsberga. Sie waren besonders komfortabel ausgestattet, modern gebaut und mit zahlreichen öffentlichen Einrichtungen zur Erholung, Bildung und für Sport versehen, aber eben nur Ausnahmeerscheinungen.

Parallel zur Entwicklung im FDGB-Feriendienst nahm auch bei Jugendtourist die ideologische Beeinflussung, die bis in die 1960er-Jahre eine wichtige Rolle gespielt hatte, seit den 1970er-Jahren spürbar ab.

Die Vergabe der stets dem Mangel unterworfenen Reiseangebote fand in den Grundorganisationen der FDJ statt. Dies erfolgte nach dem Prinzip des sozialistischen Zentralismus, indem die zentralen Abteilungen die verfügbaren Angebote an zunächst 16 Bezirksstellen, die Kreisstellen und diese wiederum an untergeordnete Einheiten weitergaben. Den Kunden wurden die Reisen durch Informations- und Werbematerial bekannt gemacht. Obwohl eine Vermarktung im Sinne westlicher Produktbewerbung unnötig war, gab es Zeitungs- und Zeitschriftenartikel vor allem in der „Jungen Generation", „Jungen Welt", „Pionierleiter" und der „Deutschen Lehrerzeitung" sowie Broschüren (z.B. „tour") und Reiseprogrammhefte.

Jugendherbergsplätze wurden durch die Kreisstellen von Jugendtourist oder über den Postzeitungsvertrieb durch die zentrale Vermittlungsstelle vergeben. Für komplett organisierte Reisen war ein Vormerkschein auszufüllen oder ein formloser Antrag einzureichen. Spezielle Auswahlverfahren galten für Reisen ins nichtsozialistische Ausland. Für diese Fahrten wurde neben einem Vorbereitungs- und einem Nachbereitungstreffen auch eine gesonderte Instruktion und Schulung der Teilnehmer veranstaltet. Diese umfasste kulturelle Aspekte und das Auftreten im Gastland, aber auch politische Erfordernisse der Teilnahme.

Wie bei allen touristischen Anbietern der DDR deckte das Angebot zu keinem Zeitpunkt die Nachfrage nach Reisen. Es wurde zeitgenössisch eingeschätzt, dass ein Verkauf der drei- bis vierfachen Angebotsmenge möglich gewesen wäre. Dazu trug auch bei, dass der Reisepreis keine Teilnahmebarriere darstellte. Nur etwa 50 Prozent der Kosten mussten überhaupt vom Reisenden getragen werden, der Rest wurde über staatliche Subventionen bereitgestellt.

Hinzu kamen strukturelle Probleme in Form von Auslastungsschwierigkeiten im Jahresverlauf, teilweise unattraktiven Reiseangeboten, niedrigem Ausstattungs- und Betreuungsniveau einiger Jugenderholungseinrichtungen und dem Missbrauch von Unterkunftskapazitäten für nicht-jugendtouristische Zwecke.

Neben den bisher genannten, großen touristischen Anbietern der DDR, gab es auch Offerten anderer gesellschaftlicher Institutionen. Der Kulturbund der DDR (KB), der Deutsche Turn- und Sportbund (DTSB), die Gesellschaft für Deutsch-Sowje-

Bundesarchiv, Bild 183-R0327-0003, Friedrich Gahlbeck

Jugendherberge in Leipzig, 1976

tische Freundschaft (DSF), die Gesellschaft für Sport und Technik (GST), der Verband der Kleingärtner, Siedler und Kleintierzüchter sowie, bis zur Übernahme 1975 durch Jugendtourist das Komitee für Touristik und Wandern (KTW) boten ihren Mitgliedern auch touristische Leistungen. Nicht selten war der unpolitische Hintergrund ein entscheidender Beitrittsgrund zu diesen lediglich im Grundsatz politisch motivierten Organisationen.

Zudem agierten zahlreiche Organisationen in ihrer Arbeitgeberfunktion als betrieblicher Reiseveranstalter für ihre Angestellten, so zum Beispiel die Vereinigung der gegenseitigen Bauernhilfe, die Volkssolidarität, die Kirchen, die Parteien, das Deutsche Rote Kreuz oder die Nationale Volksarmee. Dazu gehörten ebenfalls die Reiseangebote der zentralen und örtlichen staatlichen Organe, die oft besonders gute Reisebedingungen und vergleichsweise hohe Kapazitäten bieten konnten. Insbesondere der Ministerrat, der über einen eigenen Feriendienst für leitende Staatsfunktionäre der DDR verfügte, bot einen unüblich hohen Standard in Grad und Qualität der Versorgung mit touristischen Leistungen für die Begünstigten.

Der Staat und mit ihm die Betriebe sorgten weiterhin durch kollektive Angebote für die Feriengestaltung der Kinder und Jugendlichen. Dies lag nicht nur im Interesse des Staates, sondern wurde ebenso von den meist berufstätigen Eltern gewünscht. Am wichtigsten waren so genannte Ferienlager. Es gab sie in unterschiedlicher Art, beispielsweise von den Volkseigenen Betrieben organisierte Betriebsferienlager, staatlich geleitete Zentrale Pionierlager, Lager der Erholung und Arbeit, Sport-, Spezialisten- oder Schulungslager. Die Kinder wurden dort durch Ferienhelfer betreut.

In den Ferienlagern ging es neben der Erholung um die Erfüllung der jährlich wechselnden FDJ- und Pionieraufträge, um wehrsportliche und touristische Aktionen, gesellschaftlich-nützliche Hilfeleistungen, technische und naturwissenschaftliche sowie geistig-kulturelle Beschäftigungen.

Bundesarchiv, Bild 183-1985-0812-020, Sindermann

Störtebecker-Fest im internationalen Pionierlager „Kim Il Sung" in Prerow, 1985

Die Organisation der Ferienlager oblag dem Zentralen Ferienausschuss beim Amt für Jugendfragen. Diese staatliche Institution bestimmte auch das benötigte Volumen an Subventionen, denn Ferienlager kosteten für den Teilnehmer nur einen symbolischen Betrag.

Zahlenmäßig am bedeutendsten waren die Betriebsferienlager. In einigen organisierten die Betriebe oder der FDGB einen internationalen Austausch mit Kindern aus anderen sozialistischen Ländern.

Die Teilnahme an einem Zentralen Pionierlager hingegen galt als besondere Auszeichnung. Das Vorbild dieser Ferienlagerform war das sowjetische Pionierlager „Artek" auf der Halbinsel Krim, in dem jährlich das Allunionstreffen der Leninpioniere durchgeführt wurde. Besonders bekannt in der DDR war die so genannte Pionierrepublik „Wilhelm Pieck" am Werbellinsee bei Berlin. Seit der Eröffnung 1952 fanden dort in den Ferien Internationale Sommerlager statt, die den Kindern ein weltoffenes Flair vermittelten.

Bundesarchiv, Bild 183-73061-0001, Biscan

Bau des Kinder-Ferienschiffes „John Schehr"

Reisen „auf eigene Faust"

Viele DDR-Bürger nahmen jedoch keinen institutionellen Reiseveranstalter zu Hilfe, sondern urlaubten beispielsweise bei Freunden oder Bekannten, verschrieben sich dem (Dauer-)Camping oder ihrem Kleingarten oder bemühten sich um eines der wenigen Privatquartiere.

Sie sahen beispielsweise einen Vorteil darin, wenigstens im Urlaub jeglicher staatlicher Organisation und Kontrolle zu entfliehen, wollten dem Mangel an Kapazitäten und damit den „Rangeleien" um die begehrten Plätze entgehen oder schätzten einfach die individuellen Freiheiten der selbstgestalteten Reise. Diese Faktoren überwogen offensichtlich gegenüber den hohen Anstrengungen bezüglich Vorbereitung und Durchführung dieser Reisen, denn in der DDR waren alle Angebote auf den organisierten Tourismus ausgelegt. Bedürfnisse von Privatreisenden standen nur in sehr geringem Maß im Blickpunkt des staatlichen Interesses.

Das Campingwesen erlebte ab den 1960er-Jahren einen großen Aufschwung. War es zuvor noch als ungewollte Individualisierung beargwöhnt worden, führten die Angebotsmängel später zuerst zu einer Akzeptanz, danach sogar zu einer aktiven Förderung des Zeltens.

Auch wenn es sich beim Camping um eine individuelle Reiseform handelte, waren die Zeltplätze staatlicher Kontrolle unterstellt und die Buchung eines Stellplatzes demnach einem zentralen Vergabemechanismus unterworfen. So erfolgte die Vermittlung der Plätze für Aufenthalte von mehr als drei Tagen über einen Antragsvordruck, der an den Zeitungskiosken im Herbst des vorangehenden Jahres erhältlich war. Wie auch beim FDGB muss aufgrund der hohen Nachfrage davon ausgegangen werden, dass nicht nur die Reihenfolge des Eingangs, die Familienstruktur oder der Zeitpunkt der letzten erfolgreichen Antragstellung ausschlag-

Heike Wolter

An der Ostsee mit privatem Zelt und Saporoshez, 1977

Heike Wolter

Wintercamping am Krummen See, 1985

gebend waren, sondern auch rege von persönlichen Beziehungen Gebrauch gemacht wurde.

Im freien öffentlichen Beherbergungsnetz spielte das Hotel- und Pensionswesen eine zentrale Rolle, obwohl es zahlenmäßig gegenüber den staatlichen Kapazitäten wenig ins Gewicht fiel. DDR-Bürger konnten sich mit einem Zimmerwunsch direkt an die Anbieter wenden, die aber oft einen großen Teil ihrer Kapazitäten im staatlichen Erholungswesen eingebunden hatten. Manchmal ergab sich so die Möglichkeit eines Ferienaufenthalts nach eigenen Vorstellungen.

Die private Vermietung von Zimmern, Bungalows und Wohnungen war vermutlich weit verbreitet, doch viele dieser Angebote wurden nur über persönliche Beziehungen gemacht. Schließlich forderte der Staat eine genaue Erfassung sowie zentrale Verwaltung und Vermittlung dieser Kapazitäten, die sich aber in der Realität nicht durchsetzen ließ. Offiziell gingen private Vermietungen bis 1970 stark zurück, da der FDGB-Feriendienst zunächst die Vermietung an ihn selbst erzwang und diese später durch die Zusage gesicherter Mieteinnahmen auch attraktiv machte. Ausgenommen blieben vor allem Zimmerüberlassungen, die auf persönlichen Beziehungen beruhten. Niemandem konnte verwehrt werden, bei Oma, Tante oder der Reisebekanntschaft des letzten Jahres seine Urlaubstage zu verbringen. Ob dafür dann doch Geld oder andere begehrte Güter flossen, entzog sich der staatlichen Kontrolle.

Ullsteinbild 00378330

Junges Paar vor einem Zelt auf dem Campingplatz an der Linkenmühle, 1978

Reiseverkehrsmittel

Alle Verkehrssysteme der DDR unterlagen der staatlichen Planung und Kontrolle, konkret dem Ministerium für Verkehrswesen mit seinen Zentralabteilungen für den Bahn-, Automobil-, See- und Binnenschiffsverkehr sowie Zivile Luftfahrt.

Erst spät wurde die Bedeutung des Reiseverkehrs erkannt, dann aber vor allem als Problemfeld planwirtschaftlicher Strukturen angesehen. Freizeitverkehr ist schließlich ein schwer vorhersehbarer Teil der Verkehrsnutzung.

Die DDR war ein klassisches Eisenbahnland, obwohl sich der Anteil des Schienenverkehrs zugunsten des Individualverkehrs mit dem Auto kontinuierlich verringerte. Selbst die Tatsache, dass Flugreisen kaum verfügbar waren und der Besitz von PKWs

Heike Wolter

Zum Urlaubsort im umgebauten LKW: Sitzbänke auf der Ladefläche durch die geringen Produktionszahlen begrenzt war, konnte diesen Umstand nicht ändern. Doch seit den 1960er-Jahren wurden die Bürger zunehmend mobiler, was fast immer auf die Anschaffung eines eigenen Kraftfahrzeugs zurück zu führen war.

Die Deutsche Reichsbahn (DR) war die staatliche Eisenbahngesellschaft. Sie hatte eine Monopolstellung im Schienenverkehr. Nach den Reparationsleistungen in der Folge des Zweiten Weltkriegs, war es zunächst die wichtigste Aufgabe, das Schienennetz wieder auf- und auszubauen.

Erst ab den 1970er-Jahren rückten auch qualitative Aspekte des Reisens mit der Bahn in den Mittelpunkt des Interesses. Der Staat war daran interessiert, möglichst große Anteile des Personenverkehrs auf die Schiene zu übertragen, doch stieß die Reichsbahn bald an Kapazitätsgrenzen. Darüber hinaus schätzten die Bürger die individuellen Freiheiten bei der Benutzung des Autos.

Die Preise für Fahrten mit der Deutschen Reichsbahn waren aufgrund staatlicher Subventionen außerordentlich gering. Dies galt besonders für FDGB-Ferienreisen, denn hier wurden weitere Fahrpreisermäßigungen angeboten.

Ab dem Ende der 1970er-Jahre akzeptierte man staatlicherseits das starke Interesse am individuellen PKW-Verkehr und richtete auch Reiseangebote darauf aus. Der so genannte Motortourismus entstand.

Der nicht-öffentliche Verkehr stellte die Wirtschaftsplaner vor Herausforderungen, so z.B. wenn es um die Bereitstellung von Benzintalons für Auslandsreisen, um gastronomische und um Unterkunftskapazitäten ging. Positiv sah der Staat jedoch die Entlastungsfunktion, schließlich beanspruchten die individuell verreisenden Bürger weder FDGB-Ferienplätze noch andere organisierte Reiseformen.

Viele Bürger nutzten aber die Möglichkeit, sich ungehindert in den sozialistischen Nachbarländern zu bewegen. In Folge dessen nahm besonders in der ČSSR und der Ungarischen Volksrepublik der Campingreiseverkehr mit dem Auto stetig zu. Von allen sozialistischen (Nachbar-)Staaten waren lediglich individuelle Fahrten in die Sowjetunion streng beschränkt.

Heike Wolter

Erster Urlaub mit eigenem PKW

Privat

Urlaubsreise mit dem Kraftfahrzeug

Heike Wolter

Autozug von Dresden nach Budapest, 1989

Das Land wurde durch ein Netz aus Autobahnen erschlossen. In den 1960er-Jahren war ein starker Ausbau angekündigt. Doch bald wich der Planungsoptimismus den ökonomischen Möglichkeiten.

Die „Interflug" war die einzige Fluggesellschaft der DDR. Sie war alleiniger Anbieter im zivilen Flugverkehr. Das Unternehmen ging aus der „Deutschen Lufthansa der DDR" hervor, die 1955 gegründet wurde.

Sie bot bis 1981 Flüge innerhalb der DDR und in ihrer gesamten Bestehenszeit internationale Flugverbindungen an. Entsprechend der Zahl der Reisenden waren wenige Ziele in den sozialistischen Staaten UdSSR, Ungarische Volksrepublik und ČSSR dominant. Aber selbst diese Destinationen wurden nur verhältnismäßig selten angeflogen. Die Einführung des Flugzeugs als Reiseverkehrsmittel schien eher eine Sache des Prestiges zu sein.

Ullsteinbild 01217696

Betriebsausflug mit dem Bus, 1970

Ullsteinbild 00369374

Auto mit Dachzelt, 1958

Die DDR wollte in Sachen Modernität in nichts nachstehen. Doch hinter diesem propagandistischen Bemühen verbarg sich nur wenig wirkliches Interesse an hohen Flugpassagierzahlen.

Flüge in die Republik Kuba mussten stets mit einer Zwischenlandung in Gander (Kanada) absolviert werden, da die Reichweite der russischen Maschinen nicht für einen Direktflug ausreichte. Die DDR-Regierung befürchtete, dass Passagiere den Tankstopp zur Flucht nutzen könnten und kaufte aus diesem Grund 1988 Airbus-Maschinen mit längerer Reichweite.

Ullsteinbild 00934999

Flugzeug (TU-134) der Interflug auf dem Flughafen Berlin-Schönefeld, 1978

Persönliche Urlaubserinnerungen

Ullsteinbild 00328418

Bundesdeutscher und DDR-Tourist am Strand von Varna in Bulgarien, 1961

Heike Wolter

Postkarte aus Eger in Ungarn

Heike Wolter

Postkarte vom Balaton

Heike Wolter

Camping im Thüringer Wald im Meyersgrund, 1975

Heike Wolter

Familienurlaub

Privat

Aus dem Fotoalbum: Urlaub an der Wolga, 1989

Privat

Aus dem Fotoalbum: Urlaub an der Ostsee, 1984

„Reisefreiheit statt Massenflucht"

Aus der Perspektive des Einzelnen stellten sich die Reisemöglichkeiten der Siebziger- und Achtziger-Jahre folgendermaßen dar: DDR-Bürger hatten, gemessen an den Voraussetzungen der Urlaubszeit und frei verfügbarer Einkommen, umfangreiche Möglichkeiten zu reisen. Beschränkungen erfuhren sie vor allem in der Wahl der Reiseziele. Sie konnten sich vornehmlich innerhalb der DDR, sonst nur in wenigen sozialistischen Staaten Ost- und Südosteuropas in Abhängigkeit von manchmal abrupt wechselnden politischen Rahmenbedingungen relativ frei bewegen. Reisen in entferntere, sozialistische Staaten waren die Ausnahme. Touristische Fahrten in das westliche Ausland blieben weitgehend außerhalb jeglicher Möglichkeit, obwohl insbesondere im Laufe der Achtzigerjahre zaghafte Andeutungen von Reiseerleichterungen zu erkennen waren.

Die politische Eskalation 1989 hatte mit Ereignissen, wie beispielsweise der Ausreise von 168 DDR-Bürgern, die sich zwischen dem 2. Oktober 1984 und dem 15. Januar 1985 in der bundesdeutschen Botschaft in Prag aufgehalten hatten, wenig gemeinsam. Aufgrund dieser „kleineren" Ereignisse aber sah sich die DDR-Führung – wohl aus schierer Angst vor einer unkontrollierbaren Dynamik – veranlasst, selbst die eingeschränkten Touristenströme willkürlich zu lenken. Eine Einschränkung war beispielsweise die Aufhebung des pass- und visafreien Reiseverkehrs zwischen der DDR und der Volksrepublik Polen ab dem 30. Oktober 1980. In eine andere Richtung zeigte hingegen die Entwicklung im innerdeutschen Reiseverkehr. Diese stand zunächst im Zeichen deutlicher Reiseerleichterungen, wenngleich die Entscheidungen der DDR-Behörden weiterhin eindeutig als willkürlich bezeichnet werden müssen. Im April 1989 erfolgte eine zusätzliche Ausweitung dieser Bestimmungen, sodass erstmals auch angeheirateten Ehepartnern Besuchsreisen zu Verwandten in die Bundesrepublik grundsätzlich gestattet waren. In (nord-)westlicher Richtung wiederum zeichneten sich ab 1987 Reiseerleichterungen für DDR-Bürger mit Finnland ab. Jedoch durfte man sich keinen Illusionen bezüglich der Reiseintensität nach Finnland hingeben. Weiterhin benötigten DDR-Bürger nämlich für solche Reisen einen Reisepass sowie eine Reisegenehmigung der DDR-Behörden. Beides war schwer zu erlangen und die Anzahl der angebotenen Reisen äußerst gering.

In den 1980er-Jahren gab es also langfristige Planungen und Versuche, mit den begrenzten Mitteln einer Diktatur den Wünschen der Menschen (ungenügend) entgegenzukommen. Das geschah, weil die Staatsführung selbst meinte, dass der Tourismus als staatliches Angebot sehr bedeutsam war.

Auf der anderen Seite offenbarte die historische Pressekonferenz am Abend des 9. November 1989 eines: Einmal in den Medien verkündet, führten die Sätze zu einer oberflächlich gemeinten Reisefreiheit noch am selben Abend zum Fall der Mauer. Dagegen hatte Erich Honecker am 19. Januar des Jahres verkündet, die Mauer werde erhalten bleiben, so lange „die Bedingungen nicht geändert werden, die zu ihrer Errichtung geführt haben. Sie wird in 50 und auch in 100 Jahren noch bestehen bleiben, wenn die dazu vorhandenen Gründe nicht beseitigt sind."

Die grundsätzliche Problematik, die zu dieser Situation geführt hatte, zeigte sich schon am 4. September auf einer Montagsdemonstration in Leipzig. Dort wurde ein Plakat getragen, auf dem stand: „Reisefreiheit statt Massenflucht". Es verwies damit auf die Fluchtgründe eines großen Teils der Ausreisenden, die die Beschneidung persönlicher Freiheiten nicht länger hinnehmen wollten und gleichzeitig nicht mehr an Veränderungen innerhalb des Systems der DDR glaubten.

Der sich im vollen Lauf befindlichen Massenflucht – im November waren es bis zu 10.000 Menschen, die das Land täglich verließen – setzte die DDR-Führung einige halbherzige Maßnahmen entgegen. Als am 6. November als Teil dieser Reaktion ein neues Reisegesetz vorgestellt wurde, mehrten sich die Proteste erneut, denn das Gesetz enthielt nach Meinung der Bürger zu viele Einschränkungen. Der Reformwille war zwar sichtbar, aber unzureichend. Am 8. November wurden schließlich freie Wahlen in Aussicht gestellt. Am selben Abend verlas die Schriftstellerin Christa Wolf im DDR-Fernsehen einen Aufruf an alle DDR-Bürger, im Land zu bleiben. Sie meinte damit, dass sich die Bürger um eine politische Durchsetzung des Grundrechts auf (Urlaubs-) Reisefreiheit bemühen sollten.

Doch die Abschirmung der DDR erwies sich bereits eine Nacht später als sinnlos. Die Aussicht auf „Reisefreiheit“ forderte auch jene Menschen heraus, die sich mit den bestehenden touristischen Einschränkungen bisher arrangiert und vor allem rückblickend Positives wie Geborgenheit und Sicherheit in einer sehr überschaubaren Welt gefunden hatten.

Im Herbst 1989 wurde den Menschen bewusst, was ihnen jahrzehntelang vorenthalten worden war, sodass der Staat den Reiseinteressen kein überzeugendes ideologisches „Nein“ mehr entgegensetzen konnte.

Folgendes war in der DDR geschehen: Die touristische Unfreiheit hatte wie auch viele andere Freiheitsbeschränkungen das politische System getestet, belastet, maßgeblich erschüttert und schließlich zerstört.

Ullsteinbild 00766133

Grenzöffnung: DDR-Trabbis an der Grenze nach Bayern, 1989

Privat

Verwandtenbesuch in Bonn kurz nach Öffnung der Grenze, 1989

Fazit

Das touristische Interesse der DDR-Regierung lag im Ausbau der preisgünstigen, inländischen sozialtouristischen Angebote. Eine adäquate Versorgung in Qualität und Quantität wurde aber angesichts der rapide steigenden Touristenzahlen immer schwieriger. Die touristische Grundsicherung wurde von den DDR-Bürgern aber nur so lange als positive Entwicklung empfunden, bis sich das Reisen in den 1970er-Jahren als allgemeiner Standard durchgesetzt hatte. Dies führte ab den 1980er-Jahren immer wieder zu Beschwerden. In dieser Zeit entstanden Reisebedürfnisse, die der Staat als alleiniger Anbieter von Tourismusreisen nicht befriedigen konnte. Viele DDR-Bürger behalfen sich mit individuellen Alternativen durch private Arrangements, Tausch- und Schwarzhandel und Eigenversorgung.

Der Sozialtourismus zählte trotzdem zu den „Errungenschaften" des Systems und wirkte stabilisierend. Aus staatlicher Sicht jedoch trugen diese Leistungen zum wirtschaftlichen Kollaps des Landes bei. Aus ideologischen Gesichtspunkten wollte die SED nicht auf diese „Gabe" des Staates an die Bürger verzichten. Dabei verstanden die Machthaber in der DDR nicht, dass die Bürger in den 1980er-Jahren klare qualitative Verbesserungen verlangten. Den Reisenden ging es zudem um Angebote, die individuelle Abgrenzungen erlaubten. Die Forderungen verliefen folglich genau entgegengesetzt zur ideologischen Vorgabe.

Während in den 1950er-Jahren theoretisch unbeschränktes Reisen möglich war, mussten die DDR-Bürger ab 1961 mit einem eng begrenzten Reisezielraum vorlieb nehmen. Erst schrittweise wurden Reiseerleichterungen eingeführt, die zu einem Durchbrechen der Grenzen führten. „Reisefreiheit" wurde mit Blick auf andere Staaten als ein zentrales und in der DDR nicht verwirklichtes Grundrecht empfunden.

Erst 1989 offenbarte sich mit den Öffnungstendenzen in anderen sozialistischen Staaten und der Massenflucht der DDR-Bürger, dass sich das Volk dem Staat entgegensetzte. Die Aussicht auf die verlockende Reisefreiheit setzte Menschen in (politische) Bewegung.

Mit der Liberalisierung des Zahlungs- und Reiseverkehrs, einem Markt mit konkurrierenden touristischen Anbietern, mit der schrittweisen Beseitigung infrastruktureller Defizite in den Urlaubsgebieten der DDR und zahlreichen anderen Maßnahmen in der gesellschaftlichen und politischen Umgestaltung, endete der Urlaub „Marke DDR". Ein im November 1989 gegründetes Ministerium für Tourismus übernahm die organisatorische Lenkung der neuen Chancen und Möglichkeiten.

Nur allzu bald aber erkannten viele Bürger der ehemaligen DDR, dass ihr Bild von der unerreichbaren Fremde eine Erfindung war, ein Ideal, das der Realität nicht standhalten konnte. Grundsätzliche Verbote wurden durch andere Begrenzungen abgelöst. Reisen in jeden Winkel der Erde waren möglich, doch auch unter marktwirtschaftlichen Bedingungen längst nicht für jeden erreichbar.

Ullsteinbild 00477945

Werbung für das Reisebüro „Jugendtourist" mit einem Aushang, auf dem Reisen in die Karibik angeboten werden, Oktober 1990

Literatur

Bähre, Heike: Nationale Tourismuspolitik in der Systemtransformation. Eine Untersuchung zum Reisen in der DDR und zum ostdeutschen Tourismus im Zeitraum 1980 bis 2000, 2 Bände, Berlin 2003.

Haus der Geschichte (Hrsg.): Endlich Urlaub! Die Deutschen reisen. Begleitbuch zur Ausstellung im Haus der Geschichte der Bundesrepublik Deutschland, Bonn 1996. (Beiträge von Martin Bütow, Sabine Diemer, Margita Grossmann, Judith Kruse, Gerd Peters, Claus-Ulrich Selbach)

Merkel, Ina (Hrsg.): „Wir sind doch nicht die Mecker-Ecke der Nation"". Briefe an das DDR Fernsehen, Köln / Weimar / Wien 1998.

Saretzki, Hans-Ulrich / Krohn, Ursula: Vom gewerkschaftlich organisierten Urlaub zum begrenzten Tourismus – Reisen als Beitrag zur Lebensqualität, in: Hölder, Egon (Hrsg.): Im Trabi durch die Zeit – 40 Jahre Leben in der DDR, Stuttgart 1992.

Spode, Hasso (Hrsg.): Goldstrand und Teutonengrill. Kultur- und Sozialgeschichte des Tourismus in Deutschland 1945 bis 1989, Berlin 1996. (Beiträge von Gundel Fuhrmann, Gerlinde Irmscher, Ulrika Poock-Feller, Hasso Spode)

Spode, Hasso: Wie die Deutschen „Reiseweltmeister" wurden. Eine Einführung in die Tourismusgeschichte, Erfurt 2003. (auch Tourismusgeschichte der Bundesrepublik)

Wolter, Heike: „Ich harre aus im Land und geh, ihm fremd ...". DDR-Tourismusgeschichte der 1970er und 1980er Jahre (=Beiträge zur Historischen Verkehrsforschung des Deutschen Museums, Bd. 10), Frankfurt (M), 2009.

Wolter, Heike: „Das grüne Herz der DDR". Tourismus im Thüringer Wald 1945–1989 (=Blätter zur thüringischen Landeskunde, 68), Erfurt 2007.